中国税制改革路径与效应：基于税收超额负担的视角

陈 宇 著

中国税务出版社

图书在版编目（CIP）数据

中国税制改革路径与效应：基于税收超额负担的视角／陈宇著．
--北京：中国税务出版社，2018.6
ISBN 978－7－5678－0716－7

Ⅰ.①中…　Ⅱ.①陈…　Ⅲ.①税收改革-研究-中国　Ⅳ.①F812.422

中国版本图书馆CIP数据核字（2018）第147153号

书　　名：中国税制改革路径与效应：基于税收超额负担的视角
作　　者：陈　宇　著
责任编辑：王静波　张　敏
责任校对：于　玲
技术设计：刘冬珂
出版发行：中国税务出版社
北京市丰台区广安路9号国投财富广场1号楼11层
邮政编码：100055
http：//www.taxation.cn
E-mail：swcb@taxation.cn
发行中心电话：（010）83362083/86/89
传真：（010）83362046/47/48/49
经　　销：各地新华书店
印　　刷：北京虎彩文化传播有限公司
规　　格：787毫米×1092毫米　1/16
印　　张：12.5
字　　数：201000字
版　　次：2018年6月第1版　2018年6月第1次印刷
书　　号：ISBN 978－7－5678－0716－7
定　　价：35.00元

前　　言

税收制度改革既是当前经济发展的内在要求，也是深化经济体制改革的重要组成部分，作为影响深远且涉及各个经济主体的重要政策调整，必然要求在正式实施之前进行具体的、详尽的量化分析，即能够通过具体的模型设计和测算来辅助决策，并对可能的改革方案进行测算、比较和分析，以选出最优的方案来推进实施。目前，对税制改革总体设计提出较为完整的指导方法体系，并且构建模型从实证的角度做出具体的定量分析的研究和论文却鲜少有见。

税收制度的一个设计原则就是税收中性，即在课税金额不变的情况下尽量减少或者避免税收对资源配置和经济运行的不良影响。因此，通过测算税收超额负担，度量税收对经济效率的影响，以及社会福利的变化，是对整个税制及其结构和组成进行评价、优化的重要方法和较好途径。本书选取了一个国际可比的指标——税收超额负担来测算比较我国的税收效率水平，并在此基础上分税种类型（直接税、间接税）和征收环节（生产环节、消费环节）分别测算了分解的税收超额负担，以期对具体的税制改革方案设计有所帮助。

现有文献中关于税收超额负担的计算和国际比较的研究较少，这主要是因为税收超额负担的计算较为复杂，涉及经济领域各个行业、各个主体在征税后价格、产出、需求等变量的变化。由于局部均衡方法难以得到准确的结果，因此本书采用一般均衡方法进行测算。在美国普渡大学开发的 GTAP 模型的基础上构建了我国的一般均衡模型，据此测算了税收超额负担，并在此基础上提出了具体的改革方案；同时利用该CGE模型测算分析了改革方案的经济增长、价格、需求、产业结构、财力等各个方面的效应。

在对税制改革问题进行深入研究的基础上，本书得到了如下五点主要结论：

（1）利用CGE模型测算出我国边际税收超额负担为0.24，与美国等其他四国相比处于中等水平。说明虽然我国税收收入增长较快，宏观税负水平呈上升趋势，但仍处于合理区间，因此不应盲目大规模减税。

（2）从分税种类型的超额负担来看，直接税超额负担为正的463百万美元，间接税的超额负担为负的378百万美元，说明了在我国税制结构中，间接税带来的超额负担过大，需要降低间接税比重。

（3）从各征收环节的超额负担来看，对我国生产环节减税1%将带来353百万美元的福利收益，而对消费环节减税将带来167百万美元的福利收益，可见，生产环节减税的收益远大于消费环节减税的福利收益。结合这一结论，本书提出调整商品税在征税环节上的分配，开征零售税，即增加消费环节的税收；调降增值税，即降低生产环节的税收。

（4）从间接税减税的效应来看，各行业的价格都有明显的平抑，需求都有较大的提振。从产出方面看，纺织、重工业等行业有一定减少，服务业等行业的产出有所增加，因此该方案有利于产业结构的调整；此外，该方案造成的税收收入减少规模也在可承受范围之内。

（5）本书借鉴郭庆旺、吕冰洋等学者观点，将开征零售税作为完善地方税体系的一种途径，并利用CGE模型进行开征零售税的效应模拟。根据模型结果，工业产品的价格有所上升，服务业产品的价格有一定降低；需求方面，工业品稍有减少而服务业产品有所增加；产出方面各行业基本都为增加；与此同时，税收收入规模的变化也不大。因此，开征零售税的方案有利于地方税体系的完善，有利于需求提振和经济结构调整。

更进一步，本书采用了一般均衡方法，从税收超额负担的视角对税制改革问题进行路径设计及方案效应测算，在本书主要结论的基础上，主要贡献和创新点可以总结为以下四点：

（1）在分析税制改革必要性的基础上，分析了税制改革的设计依据和标准，提出以税收超额负担作为税制改革路径设计的衡量指标。

（2）在GTAP模型的基础上构建了一般均衡模型，计算了我国税收超额负担，并且进一步计算了分税收类型和征收环节的税收超额负担。首次在统一的理论框架和模型假设下，利用同一基期年份、统一规范的数据测算比较了多个不同发展阶段、不同税制结构国家的超额负担水平。

（3）利用CGE模型，测算了税制改革方案对宏观经济及产业结构等各方面的影响，具体的测算结果包括GDP、价格、需求、产出以及就业；并在测算结果的基础上分析了不同税制改革方案对效率、公平和财力的影响。其中效率效应包括对经济增长的影响、对产业结构的影响、对生产方式转型的影响以及对扩大内需的影响；公平效应包括对居民税负分配的影响和对地区差异的影响；财力效应包括对总体收入的影响、对中央和地方的财力影响以及地区间的财力影响。

（4）详细分析了我国的就业和资本市场的均衡问题，指出我国劳动力和资本不出清——这一与标准CGE模型设定不相符合之处。本书根据不同的劳动力、资本出清状况，设计了三种宏观闭合，并分别测算了不同宏观闭合条件下的税制改革方案对宏观经济、产业结构等各经济变量的影响。

最后，本书为国家自然科学基金青年项目《“营改增”背景下服务贸易出口退税政策设计与经济效应分析：基于CGE－MS模型的分析》（项目编号：71503286）的阶段性成果，此外本书出版获得了中央财经大学财政税务学院的资助，在此表示感谢！

目　录

图表目录

第1章　引　言

1.1　问题的提出

1.1.1　经济发展和体制改革呼唤深化税制改革

我国经济在改革开放40年来取得了巨大的成就，近年几个标志性的突破更是成为我国经济发展的里程碑：2009年我国出口额达1.2万亿美元，成为全球第一大出口国；2010年中国GDP总量5.8万亿美元，超过日本正式成为第二大经济体；2013年中国进出口商品总额首次突破4万亿美元，毫无悬念超过美国，成为全球第一。但与此同时，我国经济也存在很多问题：收入差距增大，2016年我国居民收入基尼系数为0.465，高于国际警戒线；内需不足，经济对出口和投资的依赖过大；粗放式发展亟待转型，能耗强度是日本的5倍，环境污染问题日益突出；人口红利难以持续，劳动力资本成本上升，面临"未富先老"的窘境；等等。

这些情况说明，我国已进入社会转型的关键时期，在经济高速发展取得很多成就的同时也带来愈加严重的生态问题和社会问题。具体可总结为以下三点：

（1）粗放型的经济增长方式已经无以为继，资源环境难以承受高污染、高能耗的发展方式，经济增长方式迫切需要转型。

（2）社会矛盾不断积聚、贫富差距扩大，社会心理失衡现象加剧，不稳定因素滋长，急需合理引导和综合治理。

（3）经济结构急需调整，外部经济环境中的不确定、不稳定因素日益增加，倒逼我国由主要依靠投资和出口的发展方式转向消费、投资和出口并重的发展模式。

这些现状都说明我国经济社会面临重大转变，全面深化改革是社会发展的必然要求，也是本届政府面临的重要任务。纵观税制改革的历史经验，凡是经济社会面临重大转变之时，就是税制改革盛装登场之日，而且迎来的是具有时代意义的、标志性的大变革。这是因为，税收制度是国家和政府进行宏观调控的重要手段和工具，是调整市场和政府关系、居民和政府关系以及地方与中央关系的指挥棒。

当前的税制改革正是处于这样一个历史性的关口，肩负着光荣而艰巨的历史使命。税制改革的成功与否必将直接影响今后的经济社会发展且必然会对社会管理和社会秩序产生深远作用。可以说，税制改革是支持后续改革的关键因素和引路者，必将对未来中国经济社会的长期发展发挥重要作用。

1.1.2 税收制度面临的突出问题

我国 1994 年的税制改革奠定、建立了适应社会生产力和市场经济发展的税制体系，这一税制系统已运行了 20 多年，取得了一系列丰硕的成果，有力地保障了我国政府的财政收入，这充分证明了我国现行税制是很有效率的，是适应我国社会经济发展需要的。但是 20 多年来，国内外经济形势发生了很大变化，现行税收体系存在的问题暴露了出来。本书认为，当前我国税收制度存在的，或者说税制改革主要面临的问题主要可归结为如下两点。

一是直接税和间接税比例失衡，直接税占比过低，间接税占比过高。

我国当前税制最为突出的一个问题就是税制结构不均衡，间接税比重过高而直接税比重过低。① 虽然自 1994 年分税制改革以来，我国间接税占税收总额的比例即呈逐年下降态势，但到 2012 年占比仍然高达 61.96%。尽管 2004 年以来我国不断进行税收结构调整，如出口退税调整，全面取消农业税，提高个人所得税起征点，统一内外资企业所得税等，但都未能从根本上改变这一税制结构，间接税和直接税结构比例失调及税种设置的不完善等问题依然存在。众所周知，间接税有着天然的缺陷——累退性，我国以间接税为主的税制结构限制了税收调节手段的运用，不利于税收公平和收入分配调整。此外，间接税比重过高还会造成国内外税制结构差异，并带来境内外商品和服务价格之间的“反差”或“倒挂”，直接阻碍中国

① 根据税负是否可以转嫁，将税收划分为直接税和间接税两大类，其中间接税包括增值税、消费税、资源税、关税、城市维护建设税等，直接税是除间接税以外的其他税收种类。

扩大内需战略的实施。它使得中国企业承担的税负高于国际一般水平，使企业在参与国际竞争中处于不利地位。它不仅会抬高商品和服务的价格水平，而且会影响政府在通货膨胀控制上的努力，等等。①

二是地方税体系不健全，主体税种缺失，财权与事权不匹配。

1994 年确立的分税制改革通过促进地区竞争，使得财政汲取能力大幅提高；但随着经济社会不断发展，造成了地方政府二元财政、地区间财力差距扩大，以及粗放型的经济增长方式等问题，② 主要可归纳为如下几点：

（1）地方财政收入不足以支撑正常的财政支出，存在较为严重的财权与事权不相匹配现象。地方税种筹集的税收收入规模过小，不能充分满足地方政府财力需要，迫使地方政府寻找替代财源，引发非税收入、土地财政、地方债膨胀等问题。

（2）地方税体系庞杂，共有 14 个税种，占当前全部实际征收税种的 78%，不能称得上是简明税制。且营改增后营业税取消，地方税缺乏主体税种，大部分税收收入来源于央地共享税。

地方税改革迫在眉睫。然而现有的一些政策选择存在严重缺陷：如果采取现行的将营业税改为增值税后仍归地方政府所有的过渡性方案，则相当于增值税按行业分配税收，容易引发严重的纵向税收竞争；如果将扩围后的增值税仍作为共享税，且不改变增值税分成比例，则无疑将加剧地方政府财力不足的窘境；如果提高地方政府的增值税分成比例，则增值税对地方政府的激励作用将更加放大，地方政府将更加依赖作为增值税重要税基的工业的规模扩张，从而不利于经济发展方式转变；如果采取开征房产税等新税种作为地方主力税种，则仍将面临短期内税收收入规模过小的窘境。因此，地方税体系的根本性改革需要创新性的政策方案。

1.2 研究意义

税制改革是当前经济发展阶段的必然要求，是深化体制改革的重要组成部分。因此如何设计税制改革方案，使之适应经济发展要求，为转

① 高培勇．全面完善税收制度的系统部署——学习中共十八届三中全会精神的体会［N］．中国税务报，2013－11－20.

② 吕冰洋．税收分权研究［M］．北京：中国人民大学出版社，2011.

变经济增长方式和调整经济结构服务；如何调整地方政府和中央政府财权和事权关系，达到相互匹配合理配置；如何完善税制，使其发挥好公平和效率两方面的作用、促进社会和谐健康发展，是当前面临的重要命题。

针对这一问题已有大量学者做了相关研究，如贾康（2011）作出了我国“十二五”的税制改革前瞻；高培勇（2013）通过研读《中共中央关于全面深化改革若干重大问题的决定》，并勾画了完善税收制度改革的总体蓝图；刘佐（2013）从顶层设计的角度探讨了深化税制改革要重点研究的问题；张阳（2007）构建了世代交叠生命周期税负归宿模型，研究了税制改革的税负在不同年龄人群间的归宿；李洪心（2004）利用 CGE 模型测算了环境税改革对经济产生的一系列影响。相关的研究成果很多，从理论上和实践上对我国税制改革提出了较为完善和丰富的建议及制度设计方案。但是，这些研究基本都是直接对政府政策文件的解读延伸和进行定性分析，或者仅对税制改革的一个部分或单一税种进行定量分析，没有对税制改革总体设计提出较为完整的指导方法体系，以及从实证角度构建模型，做出具体的定量分析，不得不说是一个遗憾。

随着数量经济学和计算机技术的发展，构建大型、完整的经济模型已成为可能，而税制改革作为一项影响深远且涉及大量经济数据的重要经济政策，必然要求在正式实施之前作出大量的、详尽的量化分析。即通过具体的测算数据指导政策设计，并对具体的改革方案进行测算比较分析，以选出最优的方案来推进实施。

本书旨在通过选择一个合理、国际可比的视角——税收超额负担测算比较我国的税收效率水平，并在此基础上分税收类型（直接税、间接税）和征收环节分别测算分解的税收超额负担，给出具体的税制改革的方向。税收对社会的总体福利水平产生重要影响，主要由于两方面因素：一是政府征税把社会资源从纳税人转移到政府，使得纳税人损失了一部分收入，必然给纳税人带来负担；二是税收可能会扭曲纳税人消费、投资的最佳决策，从而干扰社会经济的有效运行和资源的合理有效配置，导致社会经济效率损失，也就是存在总体的超额负担。因此税收制度的一个设计原则就是应尽量减少或者避免税收对经济资源配置和经济机制运行的不良影响。通过测算税收超额负担，度量税收对经济效率的影响以及社会福利的变化，是对整个税制及其结构和组成部分进行评价、优化的重要途径。

基于以上考虑，本书设计具体的税制改革方案，测算其效应水平并进行了国际比较。本书测算比较的效用包括效率、公平和财力三个角度，囊括了税制改革所需考虑的各方面影响情况，对于税制改革的效应分析较为全面，有较强的现实意义和政策指导价值。

1.3　主要概念界定

1.3.1　税收负担

税收负担很容易与税收超额负担混淆，但其实是完全不同的两个概念，这里有必要进行辨析。税收负担就是我们通常所说的“税负”，是指纳税人承担的税收负荷，亦即纳税人在一定时期应缴纳的税款。税收负担有多重含义，通常我们更多讨论的是宏观税负，它是指是一定时期内（通常是一年）一国税收收入总额在整个国民经济体系中所占的比重。这实际上是从全社会的角度来考核税收负担，从而综合反映一个国家或地区的税收负担总体情况。

根据政府取得收入的口径不同，通常有大、中、小三个口径的宏观税负衡量指标。小口径的宏观税负是指税收收入占同期 GDP 的比重；中口径的宏观税负是指财政收入占同期 GDP 的比重，这里的财政收入是指包括税收收入在内的预算内财政收入；大口径的宏观税负是指政府全部收入占同期 GDP 的比重，其中政府全部收入不仅包括预算内财政收入，还包括了预算外收入、社会保障基金收入等，即它是各级政府及其部门以各种形式取得的收入的总和。① 三个口径宏观税负的差别较大，尤其是小口径和大口径的宏观税负相差将近一半。

1.3.2　税收超额负担

税收超额负担是指对现有税率做很小的调整后带来的社会总福利的变化。这种变化包括两部分：一部分是稀缺资源由私人部门转移到政府部门，私人部门购买力降低带来的直接负担；另一部分是由于相对价格改变使资源配置扭曲导致的“无谓”（deadweight）效率损失，即超额负担。本书中的税收超额负担考虑的就是这第二部分“无谓”损失。

对税收超额负担的研究具有现实和重要意义，因为它是衡量税收效率

---

① 安体富．对税收若干重要问题的思考［J］．税务研究，2009（1）．

的核心变量；而且作为衡量税收制度与经济结构匹配程度的指标，它对于一国的经济发展阶段和税制结构不敏感（相比之下税收负担就十分敏感，一般来说发达国家的税收负担相对较大），这就使得税收超额负担更适宜于进行国际比较，并作为当前广受争议的宏观税负水平一个参考指标。通过对税制结构或征收环节计算分解的税收超额负担可以对当前广受关注的税制结构问题和征收环节问题得出定量的计算结果，有助于设计具体的改革方案。

1.3.3 税制改革

税制改革是通过税制设计和税制结构的边际改变增进社会福利的过程。税制改革可能有很多形式，既可以通过税率、纳税档次、起征点或免征额的升降和税基的变化；也可以通过新税种的出台和旧税种的废弃；还可以通过税种搭配组合和政府间分配的变化。《中共中央关于全面深化改革若干重大问题的决定》（以下简称《决定》）提出要“深化财税体制改革”“完善税收制度”，税制改革已成为当前深化体制改革的重要组成部分，是我国优化资源配置、促进社会公平、实现社会长治久安的重要调控手段。

我国当前税制改革需要着力解决的几个重要问题是：税制结构失衡要求进行提高直接税比重、降低间接税比重的结构性调整；营改增的推进加剧地方税财源短缺的窘境，地方税系统建设和改革亟待进行；税收制度改革面临缩小贫富差距和改善生态环境的重任。

1.3.4 税收结构调整

我国税收制度的一个特点和问题是，税制结构中间接税所占的比例过大、直接税比例过小，造成结构失衡问题。2012 年，间接税的收入占全部税收收入的比重超过 70%，直接税的占比不足 30%。直接税和间接税的区别就在于税负是否易于转嫁，直接税是不易转嫁的，一般来说是促进公平的；间接税是易于转嫁的，一般来说是累退的，不利于税负公平。

我国社会收入分配和贫富差距问题已经严重影响社会稳定发展大局，并成为进一步发展的制约因素，因此公平正义应是下一步税制结构设计的重要原则；此外，间接税比例过重易导致商品和服务价格提高，并妨碍政府物价调控能力的发挥，因此，税制改革的一项重要任务就是调整税制结构，“逐步提高直接税比重”。

1.3.5 地方税体系

地方税是中央税的对称，是指由地方政府负责征收管理和支配的税收。一般而言，谈及地方税有两个口径：一是大口径的地方税，指不管收入全部还是部分归属地方政府的税种均为地方税；二是小口径的地方税，仅指收入完全归属地方政府的税种。按大口径界定，我国现行地方税系由14 个税种组成，其中 11 个是地方税种。①

我国 1994 年的分税制改革，确立了中央和地方的税制框架以及经济利益关系，但事权划分并不明晰，且省以下分税制没有推进和完善，导致了基层财政困难和过分依赖土地收入等诸多问题。过去的地方税体系中，收入规模最大的税种为营业税，营改增后营业税消失，地方税面临主体税种缺失的问题，进一步削弱了地方财力。地方税作为税收体系的重要一环。地方财源缺失必然推动地方政府寻找其他的替代财源，而这正是当前土地财政和地方债问题的根源所在。不尽早寻找改革出路将导致上述两个问题进一步恶化，因此地方税体系建设改革问题迫在眉睫。

1.4 研究方法与研究结构

1.4.1 研究方法

现有关于税制改革的研究主要是对政府的政策文件的解读延伸和定性的分析，或者仅是对税制改革的一个部分或单一税种进行定量分析，没有对税制改革总体设计提出较为完整的指导方法体系，同时构建模型从实证的角度做出具体的定量分析，不得不说是一个遗憾。

本书将定性分析与定量分析相结合。对于定量分析部分，本书采用的是可计算一般均衡模型（CGE）的方法。CGE 模型不仅仅是一种理论，更是一种强大的分析方法，它有着局部均衡分析等方法难以比拟的优势。不同于传统的计量等数量方法，CGE 分析是建立在构建经济全局变量联系的基础之上，可以从多角度、利用多个方案进行模拟、计算和比较，操作性和实用性极强。我们可以通过一个 CGE 模型模拟在一定条件下的经济系统运行情况，计算各种税收政策或方案下的产出、需求、价格等各宏观经济变量以及社会的总体超额负担，为决策者和研究者评价、优化及研究税收制度及改革方案提供详尽、直观和可靠的信息和数据支撑。

CGE 模型非常适合用于模拟税收政策变动。最初的 CGE 模型的一个重

① 郭庆旺，吕冰洋．地方税系建设论纲：兼论零售税的开征［J］．税务研究，2013（11）．

要应用就是用于税收政策，因为它能够在实施具体的税收改革政策之前，准确地模拟实际经济系统下不同税收方案变动对经济系统造成的扰动情况；可以在避免不成熟的税收方案对经济系统造成的直接冲击的前提下，为研究者和决策者提供全面、准确的信息。与一般的计量模型不同，CGE模型能够模拟税收等冲击对经济中几乎所有重要变量的影响，而不仅仅是一维的或双边的影响。这就好比打台球，母球的击打能够影响整个桌面上的所有球，而这种研究理念也是更加符合实际情况的。也正是因为如此，税收 CGE 模型赢得了“税收政策实验室”的美称。

由于经济系统实际情况的复杂性，通常会需要进行灵敏度分析，就是针对某一个或某几个因素变动进行对比分析，利用 CGE 模型可以方便地考察其他变量或参数变化时经济系统的影响的变化幅度。因此 CGE 模型在灵敏度分析方面也有天然的优势。

本书进行税制改革方案设计的主要因素——税收超额负担的数值可以在局部均衡框架下来分析，但更准确的是在一般均衡框架下进行计量分析。目前，CGE 方法是计量税收超额负担比较好的研究工具，可以综合测算资源配置、贸易变化及投资储蓄等各方面变化对税收超额负担的影响。

本书在美国普渡大学开发的多区域 CGE 模型 GTAP 及其数据库 GTAP v8 的基础上，根据中国经济情况进行了合理的调整和修改。基于这些工作，我们测算了我国和其他一些国家税收超额负担并进行了国际比较，进一步测算了分类别和分环节的税收超额负担。根据测算结果，我们提出了税制改革的具体方案，并测算了税制结构调整和地方税建设方案对经济增长、经济结构、就业、需求及价格等重要经济变量的影响。

1.4.2 研究结构与主要内容

本书首先分析了进行税制改革的现实背景和理论依据，在此基础上从效率的角度即在税收超额负担计算的基础上提出具体的税制改革设计方案。实证部分通过构建 CGE 模型计算出我国和其他四国的税收超额负担，并进一步计算了分税收类型和征收环节的超额负担。此外，还采用 CGE 模型计算了调整税收结构和地方税建设改革方案的具体效应，包括效率、公平和财力三个方面。最后，对我国税收制度改革的方向提出政策建议。全书总体的分析框架如图 1－1 所示，逻辑结构如图 1－2 所示。

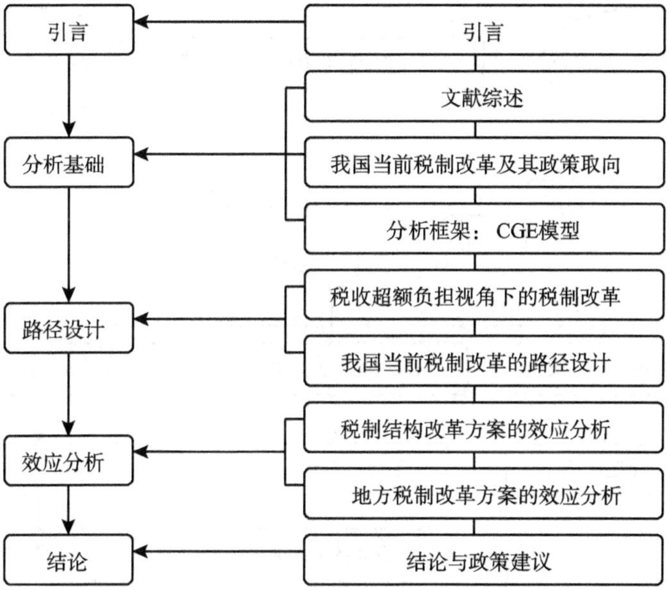

图 1－1 本书结构安排

本书共 9 章，第 1 章为引言，第 2～4 章是本书的分析基础，第 5～6 章是税收制度改革的路径设计研究，第 7 章和第 8 章是具体改革方案的效应分析，第 9 章是基于效应分析的政策建议。

第 1 章为引言，主要介绍了本书所研究问题的缘起、研究意义，相关概念和具体的研究方法及内容。

第 2 章为文献综述，梳理了税收制度改革的理论基础，并在此基础上整理了我国税制改革面临的两大问题——税制结构调整和地方税建设的相关文献；同时，对于本书研究所选用的角度——税收超额负担的理论研究和实证方法进行了归纳，对本书所采用的可计算一般均衡方法的历史发展和研究现状进行了详细梳理。

第 3 章分析了我国当前的税制改革和政策取向。首先归纳了当前税收制度改革的原则、背景和目标，在此基础上论述了当前税制改革的理论依据，最后对当前税制改革进行了具体的政策分析。

第 4 章为 CGE 模型构建与设定。首先分析了 CGE 模型用于超额负担和税制改革方案测算的合理性与优越性；在 GTAP 模型的基础上构建了我国的税收一般均衡模型，详细描述了模型的各行为主体——私人部门、政府部门和厂商部门的行为设定和模型刻画，介绍了模型所用的 GTAP v8 数

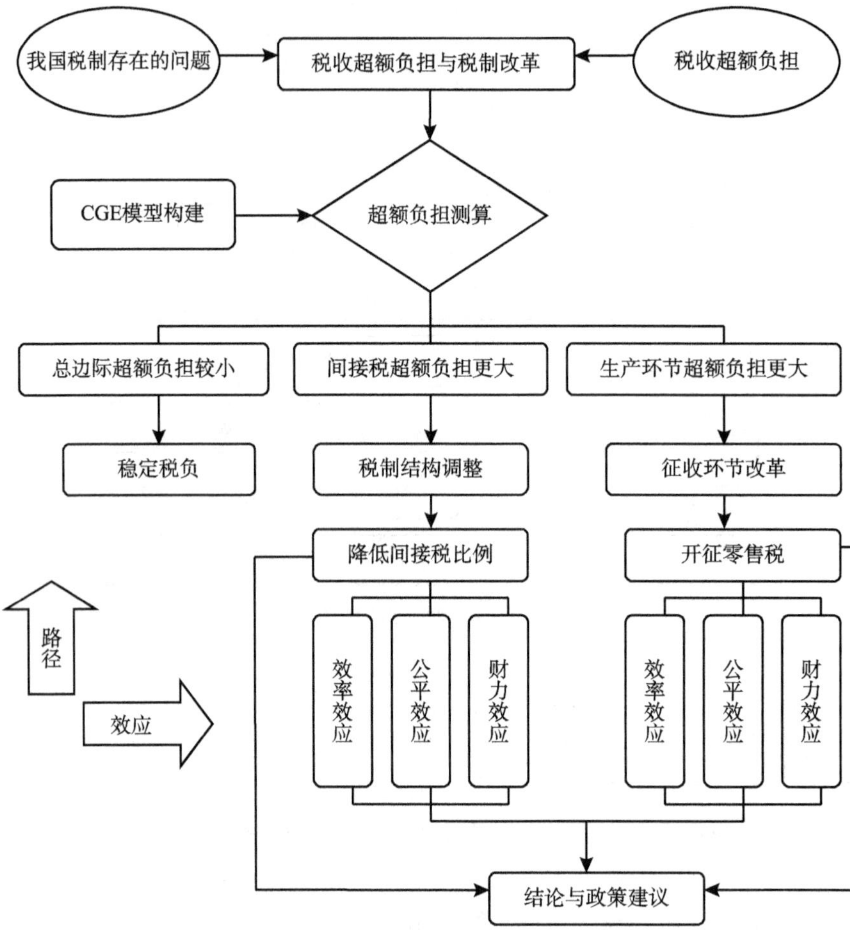

图 1－2　本书逻辑结构

据库，具体包括基础数据库和参数数据库；最后针对我国要素不一定出清的现状，在本书研究方案中设计了三种宏观闭合，以便观测分析不同宏观经济环境下的政策效应。

第 5 章为税收超额负担和税制改革。论述了税收制度改革的一个重要的、可比的评价标准为税收超额负担，分析了税收超额负担的成因和测算方法。在此基础上，利用 CGE 模型测算了我国和其他四国的税收超额负担并进行比较分析，并且进一步测算了直接税和间接税的超额负担，对税制结构调整给出了政策建议；测算了生产环节和销售环节的税收超额负担，对地方税体系建设做出了政策指向。最后，根据测算分析结果提出了具体的改革政策方向。

第6章为我国当前税制改革路径设计。在介绍分析我国税收制度现状、存在的问题并进行国际比较的基础上，针对税收制度最为重要的两个问题——税制结构和地方税问题进行了详细论述，根据税收超额负担的计算结果提出了具体的改革方案。

第7章为税制结构改革方案的效应分析。对第6章设计的税制结构调整方案分别在三种不同的宏观闭合条件下，利用CGE模型进行了模拟测算，并对各种情景下的效应从效率、公平和财力三个角度进行了具体分析。其中效率效应包括对经济增长的影响、对产业结构的影响、对生产方式转型的影响以及对扩大内需的影响；公平效应包括对居民税负分配的影响和对地区差异的影响；财力效应包括对总体收入的影响、对中央和地方的财力影响以及地区间的财力影响。

第8章为地方税制改革方案的效应分析。针对第6章提出的地方税改革具体方案，在三种不同的宏观闭合条件下利用CGE模型进行了模拟测算，对各种方案的效应从效率、公平和财力三个角度进行了具体分析。

第9章为结论与政策建议。在税制改革方案效应测算分析的基础上提出了增加直接税比例、降低间接税比例，以及以开征零售税为纲的地方税建设方案，并进一步细化。具体来说，增加直接税比例可以通过开征房地产税以及逐步建立综合与分类相结合的个人所得税来实现；减少间接税比例可以通过推进增值税改革，适当简化、降低税率等手段来实施。地方税建设改革可以考虑开征零售税作为地方主体税种，同时配套所得税和房地产税改革，完善地方税体系，保障地方合理、稳定的财政收入。

1.5 研究的创新与不足

本书可能的创新之处在于：

（1）在分析税制改革必要性的基础上，分析了税制改革的设计依据和标准，提出以税收超额负担作为税制改革路径设计的衡量指标。

（2）在GTAP模型的基础上构建了一般均衡模型，利用一般均衡方法计算了我国的税收超额负担，并且进一步计算了分税收类型和征收环节的税收超额负担。首次在统一的理论框架和模型假设下，利用同一基期年份、统一规范的数据测算比较了多个不同发展阶段、不同税制结构的国家的超额负担水平。在此基础上进行详细分析，并提出具体的税制改革方案建议。由于可以在统一的框架模型中分析各种税收对经济中各个局部组成部分的影响，一般均衡方法（CGE）较之局部均衡方法更适合分析计量税收的边际超额负担。此外 GTAP 数据库是根据各个国家和地区的投入产出表，用统一的方法处理编制而成，因此各国和地区的数据可信可比，从而据此计算出的数据适于进行横向国际比较、分析不同税制结构的特点，且对我国税制及其改革有一定的指导和借鉴意义。

（3）利用 CGE 模型测算了税制改革方案对宏观经济及各方面的影响，具体的测算结果包括 GDP、价格、需求、产出以及就业；并在测算结果的基础上分析了不同税制改革方案对效率、公平和财力的影响。

（4）详细分析了我国的就业和资本市场的均衡问题，提出我国劳动力和资本不一定出清，这一与标准 CGE 模型的设定不相符合。本书根据不同的劳动力、资本出清假设设计了不同的 CGE 模型宏观闭合，分别测算了不同宏观闭合条件下的税制改革方案对宏观经济、产业结构等各经济变量的影响情况。

囿于能力和时间，本书还存在很多不足之处：

（1）税制改革需要推进和改革的内容非常庞杂，本书仅考虑测算了较为宏观的税制结构调整和地方税改革的方案。下一步的工作是将 CGE 模型中税制的刻画进一步细化，当然这也要求相关税收数据进一步细化。

（2）本书采用的的 CGE 模型为比较静态模型，只能考察单个时期的经济情况。在一些情况下，为讨论特定问题，如税收政策的长期效应和跨期经济效应问题时，可在静态均衡模型引入时间因素，使之向动态均衡模型转变。

（3）对于公平问题的探讨需要进一步划分居民的收入的高低以及地区的发达程度，由于本书模型中的居民只有一种类型，因此在这方面存在不足。后续需要进一步完善模型中对居民和地区的划分，从而具体测算税制改革对人群和地区的公平效应。

第2章　理论基础与文献综述

2.1　税制改革文献综述

2.1.1　最优税制理论与税制改革

最优税制理论在20世纪六七十年代得到了快速的发展，其以拉姆塞（Ramsey，1927）、米尔利斯（Mirrlees，1971）等人的研究结果为代表，从消费者和生产者效用等角度入手研究最优税制问题。该理论主要包含三个方面的内容，分别对直接税、间接税和直接税与间接税比重安排进行了阐述。

拉姆塞（1927）是该领域开创性的研究者。他得到的税收弹性与超额损失之间的关系，被称为弹性倒式法则或与其等价的等比例法则。该理论认为，在对商品课税时，为了使税收超额负担达到最小化，需要保持任何不同商品之间商品税税率与商品需求弹性比例相等，或者令税收导致的不同商品需求减少的幅度相等，否则税收的超额负担总是存在继续减少的空间，税制可能的帕累托改进意味着税制并非最优。在税制达到最优时，商品需求弹性较大的商品的税率也较高；对商品需求弹性较小的商品的税率较低，这个理论可以简化税收征管。税率确定原则非常明确和简单，只需考察商品的需求弹性即可。但是问题在于，按照这一标准进行征税的时候往往会忽略公平问题，而且商品税还没有解决对财产和收入课税的问题。如果将闲暇也视为商品，那么从更广的范围来讲，税制依然不是最优的。此外，还存在税收中信息的获取问题，即商品需求弹性很难得到准确的衡量，这也是该理论在应用于税制改革实际时所不得不面对的问题和挑战。

克里特和黑格（1953）认为利用消费和闲暇的替代关系可以实现对闲暇这一商品的课税。通过对与闲暇具有较高相关性的商品征收较高的税收，可以间接实现对闲暇的课税。米尔利斯（1971）假定消费和闲暇存在相互替代的关系，并在此基础上得出了最优直接税税率呈现倒 U 形分布的结论，即在税率较低阶段和税率较高阶段纳税人的收入水平都较低，而在税率保持在最优水平时，会使个人收入最大化。如果要使得直接税是最优的，那么必须要采用非线性的直接税制。后续的研究也表明，非线性的直接税如果得到了合理的设计，那么可以同时实现公平与效率的目标。

2.1.2 结构性减税

在2008年世界经济危机之后，为了应对复杂的国内经济情况，我国推出了结构性减税的改革方案。实施该方案，一方面可以通过减税带动经济增长，使经济困难程度有所减轻；另一方面对于我国并不具备大规模减税的财政基础，而结构性减税可以实现税收收入有增有减，并调整和完善税制。

目前还没有对结构性减税的统一定义。高培勇（2012）认为，我国处在多重目标宏观经济的定位与选择中，应采取减增值税来减间接税与企业缴纳的税收等措施推进减税的结构性改革。安体富和王海勇（2004）指出，在对税制调整的同时，应有针对性地将部分主体税种的微观税负适当降低，并通过开征新税种和调高一些税种税率的方式弥补税收收入的不足。朱青（2012）认为，结构性减税是相对于全面减税而言的，减税并不针对宏观税负，而是在宏观税负不减之下进行的选择性的减税措施。闫坤和于树一（2011）认为，结构性减税并不是在最近才产生的调整思路，只是因为本次经济危机的发生而得到更加广泛的推广。税制改革和优化中要实现税负水平降低以及税制结构调整两个目标。其中税制结构调整就是要增加直接税比重，减少间接税比重，弱化税收的效率原则，增强税收的公平原则。

税制改革与结构性减税逻辑关系如图 2－1 所示。

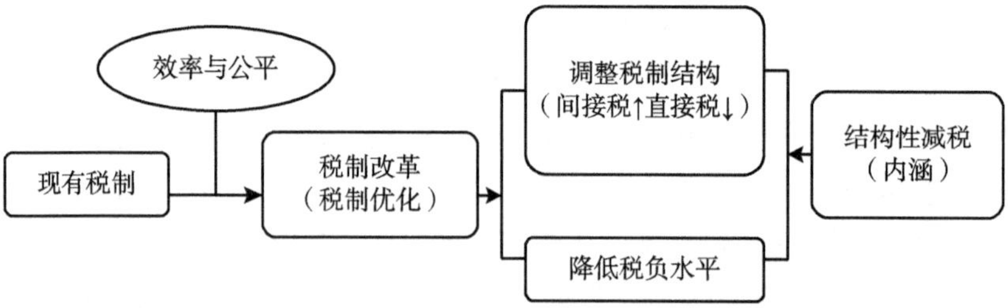

图 2－1　税制改革与结构性减税逻辑关系[1]

---

① 闫坤，于树一．论全球金融危机下的中国结构性减税［J］．税务研究，2011（1）．

李心源（2009）认为，在2008年世界金融危机下，我国经济经受了巨大的挑战，这既是由出口和国际消费下降等外部因素引起的，也有我国产能过剩和内需不足等因素的影响，而结构性减税可以针对以上问题发挥刺激经济的作用。结构性减税可以帮助我国实现税制结构的不断优化，有助于经济长期增长潜力和水平的提高。朱青（2012）指出，结构性减税要求我国宏观税负水平保持不变或略有上升，同时减少部分税收客体的税收负担，建议全面推广增值税改革并减少企业税负水平，适当提高消费税和个人所得税的税率和税收收入。结构性减税可以促进经济加快走出经济危机时期，同时可以实现税制和税制结构的完善。胡东兰和陈凡（2013）认为，作为积极的财政政策的重要内容，结构性减税可以实现对经济增长、产业结构调整、民生福利改进等方面的促进作用。周清（2012）的研究结论认为，结构性减税政策有利于我国宏观经济复苏，但宏观税负如果得不到有效控制，那么经济持续稳定增长的前景也并不光明。

从可以采取的具体措施来看，朱青（2012）认为，减税可以从比重较大的增值税、营业税、消费税等商品税入手，调整税制结构；同时也要降低低收入人群的税负水平；对税负累进性较强的消费税和对高收入人群的个人所得税可以适当予以提高。

关于结构性减税的其他问题和配套措施方面，贾康等（2009）指出，在减税的同时对其他政府收入也要严格监控，防止政府通过其他不良渠道筹集财政收入。白景明（2009）认为，结构性减税和税制结构优化固然重要，但还应妥善解决结构性减税与财政补贴的关系问题。

从税制改革与宏观税负的角度分析，改革初始设计一定要考虑到税制改革对我国宏观税负的影响。朱青（2013）对我国“改革税制、稳定税负”的税制改革思路给予了解读，认为我国目前税制改革的基本要求就是在宏观税负基本稳定的前提下，展开对税种和税制的改革。贾康（2009）认为，我国不同层面的宏观税负差别较大，而税制改革的结构性变化更具有现实意义。

2.1.3 地方税制体系改革

在地方税界定方面，倪红日（2012）对不同口径的地方税进行了界定，分别为大口径、中口径、小口径的地方税收入，对应着归属地方的共享税收入等地方税收入、完全归属地方财政的税收收入、税权完全归属地方政府的地方税。刘明慧（2001）明确税收分享包括收入归属、管理权限、税基和税率等几个方面。而税种是中央税还是地方税主要取决于征收决定权、税基决定权、税率决定权、税收征管权、收入归属权等。

刘伟四（2001）总结了地方税制建设存在的问题，包括规模小、主体税种缺乏、税权划分不清、缺乏系统性和规范性，建议可以采取合理确定地方税的收入规模、赋予地方一定的税收立法权、确立地方主体税种、加强地方财源的建设等改革措施。宋兴义（2009）分析了我国地方税存在的问题，指出地方税改革应该结合整体税制改革来进行；并通过分析国际经验和实践，尤其是澳大利亚、加拿大、德国、美国现行地方税的基本情况，认为应该将财产税和消费税作为地方税的主要来源或主体税种。倪红日（2012）认为地方税收入存在的问题包括税制不完善、制度改革滞后、收入数额偏少、税制结构不合理等；建议地方税的完善需要拓宽税基、明确主体税种、调整税制结构等。周莉和张超（2009）从地方政府的角度分析了我国地方税的局限性和完善地方税的具体措施。在经历了统收统支、分类分成、财政包干之后，分税制成为我国财政管理体制，规范着中央和地方政府财政关系。但是现行分税制并不利于规范公共财政制度，没有对地方税体系建设给予充分的强调，我国地方税制的完善任重而道远。

刘佐（2013）对我国地方税制改革顶层设计提出了三个需要重点解决的问题。这三个问题分别为：改革后宏观税负水平问题，这涉及国民产出和社会资源在政府和私人部门之间的分配；优化税制结构问题，即直接税与间接税的比重和发展趋势；主体税种的完善问题，尤其是对地方税收体系来说，这个问题更为突出和难以解决。针对这几个问题，建议从几个方面进行改革：改变宏观税负偏低而实际负担过重的状况，依靠扩大税基和降低非税收入比例来控制宏观税负比重；税制结构方面可以从税种结构、分税制、税制模式等角度入手，完善税收整体结构；不断深入各税种改革，从每个税种内部完善税制。郭庆旺（2013）、吕冰洋（2013）提出了一个全新的地方税体系改革方案：以开征零售税为纲为地方税建设方案，旨在通过在零售环节开征零售税，保障地方政府财政收入稳定、财力充足，并促进经济发展方式的转变和房地产行业的理性回归。

2.2 超额负担的文献综述

2.2.1 税收超额负担理论及其成因

税收是经济生活的重要组成部分，一直是经济学家研究的对象。税收会造成商品相对价格变化，而经济主体会对扭曲的价格做出反应，从而带来间接成本。

税收的这种间接成本通常称为无谓损失（deadweight loss）或超额负担（excess burden，EB）。对超额负担的研究至少可以追朔到 Dupuit（1844）。

课税使物品和劳务的税前税后价格发生改变，随着相对价格的变化，经济主体也会做出相应的反应，如尽可能避免选择课税品和高税品，逃税避税等。毫无疑问这些行为都会导致经济的低效率，构成税收的超额负担。由于对逃税避税及寻租成本难以度量，通常的分析主要着重于课税导致的经济主体在生产和消费方面的损失。

Samuelson（1954）对公共支出效率水平这一问题进行了经典分析。他认为最优的支出水平为 $\sum MRS = MRT$（conventional rule）。他的公式的前提假设是公共支出所需资金是通过一次总付税（lump-sum tax）获得的。根据福利经济学第二定理，一次总付税或一次性转移支付（lump-sum transfer）相当于收入再分配，理论上只有收入效应（income effect）而不会影响产品与服务的相对价格，即没有替代效应（substitution effect），这样就没有效率损失，仍然可以实现帕累托最优。但是，一次总付税在现实生活中无法实现，因为现实经济中已经存在各种扭曲性税收（distortionary taxation），在税收实务中很难用一次总付税替代这些税收来得到等额的税收。

随着一般均衡理论（general equilibrium theory）研究的发展，20 世纪 70 年代，在最优税收与公共品生产研究领域开始引入一般均衡研究理念和研究成果，并且出现突破性研究成果。Diamond 和 Mirrlees（1971）在分析最优税收与公共品生产时指出公共消费（公共支出）最优水平公式是：公共消费对社会福利的直接贡献 = 公共消费给税收收入带来的影响 + 公共消费的直接成本。他们的理论与 Samuelson 的（一次总付税环境下）最优公共支出水平理论有三点不同：第一，由于个体的收入社会边际效用不相等，公共消费对社会福利的直接贡献无法化简为边际替代率之和；第二，筹措政府收入的成本意味着公共消费对税收收入的冲击，是最优一阶条件的组成部分；第三，公共消费的直接成本要由政府为公共支出融资所产生的成本来测量。

Stiglitz 和 Dasgupta（1971）在分析扭曲性税收、公共品和经济效率时发现，当采用一次总付税融资时，公共品最优提供水平的条件与 Samuelson 相同。但是，当采用扭曲性税收融资时，公共品最优提供水平的条件是：

社会效益 = 公共品直接社会成本 + 公共品供给变化所导致私有品供给变化的社会价值，或者表达为：边际替代率之和 = 为增加的公共支出融资（通过新税收）所带来的政府收入的总变化 × 增加税收造成私有品消费变化的价值。Pigou 认为通过扭曲性税收融资提供公共品时的供给水平会低于一次总付税融资所提供公共品的水平，因为每提供一单位额外公共品不仅会直接替代私有品的生产，而且增加的税收还会带来额外的扭曲。他们根据自己的研究成果对 Pigou 的结论给出规范分析，并认为扭曲性税收融资所提供的公共品不一定比一次总付税融资方法低。

2.2.2 税收超额负担的测算和实证分析

税收超额负担的大小可以在局部均衡框架下来分析，但更准确的是在一般均衡框架下进行计量分析。较早的实证分析是 Browning（1976）采用 Harberger 方法在局部均衡框架下计算美国劳动税导致的公共资金边际成本（MCF）。之后一般均衡理论研究成果在实证分析中广泛应用，Leif Johansen（1960）首先构建了多部门、价格内生的应用一般均衡模型（applied general equilibrium model，AGE）或称为可计算一般均衡模型（computable general equilibrium model，CGE）。Shoven 和 Whalley（1984）回顾了应用一般均衡模型的发展和应用。计算机技术的发展使得考虑多部门、跨期动态 CGE 在数值分析中成为可能。目前，各国已经开发了各种多部门、动态的 CGE 模型。例如：澳大利亚的 ORANI 模型以及 MONASH 动态模型，以及更大范围的模型，如 Purdue 大学的 GTAP（Global Trade Analysis Project）。

局部均衡方面，Edgar Browning（1976）计算出美国劳动税的 MCF 在 1.09 ~ 1.16 美元之间，也就是说只有当政府支出生产率比私人支出高 9% ~ 16% 时，才能得到净福利增加；他同时还计算出 1974 年美国收入税的总福利成本为 190 亿美元。

一般均衡方面，随着瓦尔拉斯模型由一个抽象理论变成现实经济的真实模型，及微观经济学理论研究与宏观经济学理论研究的融合，有很多研究者采用一般均衡框架计算税收的福利成本。Charles Ballard，John Shoven 和 John Whalley（1985）开创性地构造了一个递归动态 CGE 模型，并根据 1973 年的数据库全面分析了美国税收系统，并测算出其边际超额负担。Jor-genson 和 Yun（1990）使用动态跨期 CGE 模型对美国 1985 年的税收边际超额负担进行了全面的比较分析。Devarajan，Thierfelder 和 Suthiwart - Narueput（2001）用类似的 CGE 方法分析了孟加拉国、喀麦隆和印度尼西亚的公共资金边际成本，他们的研究引起了特别的关注，因为此前的相关研究多集中于发达国家。国内对税收边际超额负担的研究较少，陈波根据1995年的数据对中国分税种的税收超额负担进行了定量研究；刘明（2009）运用CGE模型测算了我国的税收平均超额负担和边际超额负担；欧阳华生等（2010）测算了我国税收超额负担及减税政策的福利收益。

现有研究对税收超额负担的测算见表2－1，各国的税收超额负担值变化很大，在－0.52～1.29[①]之间，值得注意的是，由于所采用的模型和方法各不相同，即使对同一国家同一时期的测算也存在较大差异。同时，由于各国税制结构相差较大，税种设置、征收方式及影响机制等都不尽相同，因此难以对各类税收进行横向比较。此外各学者所采用的基础数据年份跨度也较大，因此不宜根据已有的测算值对同一时期的各国税收超额负担进行横向比较。GTAP数据库拥有基期年份统一规范的全球多个国家/地区的税收、产出、投资、贸易等各项经济数据，运用GTAP模型在同一理论框架和模型假设下进行分析，很适合进行税收超额负担的国际比较。

表2－1　现有研究对税收超额负担的测算

国家	税收类别	估计值	来源
美国	劳动税	0.32～0.47	Browning（1987）
	全部税收	0.17～0.56	Ballard et al.（1985）
	全部税收	0.47	Jorgenson和Yun（1990）
加拿大	商品税	0.25	Campbell（1975）
澳大利亚	资本税	0.19～0.24	Campbell和Bond（1997）
	资本税	0.28～0.55	Findlay和Jones（1982）
瑞典	全部税收	0.69～1.29	Hansson和Stuart（1985）

① 税收边际超额负担为正值表示税收会降低社会的总体福利，对经济存在扭曲作用；为负值表示税收能提高社会的总体福利，对经济存在促进作用。Devarajan等2001年的论文引起了学界的广泛关注，因为他们首次研究测算了发展中国家的税收超额负担，并发现部分税种的税收超额负担为负值。他们研究指出，由于发展中国家在公共服务和基础设施方面的投入需求很大，从而由税收组织的财政资金的投资收益很高，因此发展中国家的高税负水平不一定带来高税收超额负担，反而可能会对经济有促进作用。表2－1中大部分国家测算值为正，说明税收对经济产生额外负担，进而影响社会总体经济效率；同时，也存在一些国家税收超额负担的测算值为负，说明了税收在一定程度上有助于经济的发展。

续表

国家	税收类别	估计值	来源
印度	消费税	0.66～1.15	Ahmad 和 Stern（1987）
	销售税	0.59～1.12	
	进口税	0.54～1.17	
孟加拉国	进口税	0.17～1.18	Devarajan et al.（2001）
	销售税	-0.05～0.07	
喀麦隆	进口税	0.05～0.37	Devarajan et al.（2001）
	销售税	-0.52～-0.04	
印度尼西亚	进口税	-0.01～0.18	Devarajan et al.（2001）
	销售税	-0.03～0.11	
中国	增值税	0.2	陈波（1999）
	营业税	0.23	
	全部税收	0.50～0.59	刘明（2009）
	全部税收	0.41～0.44	欧阳华生等（2010）

注：根据文献整理得出。

2.3 一般均衡模型的文献综述

可计算一般均衡（Computable General Equilibrium，CGE）模型是一种基于一般均衡理论的研究方法，在贸易、财税、产业等研究领域的政策分析和理论研究等方面都有着广泛的应用。一般均衡的概念源自于 Walras（1874），经过 Arrow 和 Debreu 等人的不断完善，成为经济研究的一种重要思路。而其中均衡的含义包括市场主体的行为方式和约束条件下能够保持的相对稳定状态。CGE 模型的应用领域很广，可用于税收、环境以及贸易等各类问题的分析和预测，具体见表 2-2。

表 2-2　　CGE 模型应用领域

效果问题	变化问题
宏观经济影响	税收、公共支出与社会安全支付
产业影响	关税以及其他贸易政策

续表

效果问题	变化问题
地区影响	环境政策
劳动力市场影响	技术变化
分配影响	国际商品价格与利率
环境影响	工资制定与工会行为

2.3.1　国外税收 CGE 模型研究

Harberger（1959，1962）首先将 CGE 模型应用于税收领域，他通过建立一个包含税收的 CGE 模型来分析税收的经济效应，使得 CGE 成为研究税收政策的理论模型。在 Harberger 的模型中假设存在生产部门和消费部门，政府部门通过一次总付税的方式征得税收，并假定政府预算平衡。研究结论表明，税收减少了资本回报，对产出具有反面影响。Shoven 和 Whalley（1972）设计了包含两类生产部门和两类收入水平消费者的 CGE 模型，并将其应用于对美国经济的研究。研究结论表明，税收会降低两个生产部门的产出水平，改变资源在两个部门之间的配置状况，尤其是资本配置；此外，税收还会改变社会福利水平，但对两类收入水平的消费者影响并不对称，收入较低人群的福利水平得以改善，而收入较高人群的福利水平却受到负面影响。Whalley（1975）将生产部门和消费者种类进行了扩展，将 CGE 模型应用于英国税收政策和制度的经济效应研究，包括所得税改革、增值税引入、购买税取消等。

Ballard 等（1985）将 CGE 模型应用于美国税收改革问题分析，结论认为，对资本和个人所得税的过重征税会带来严重的超额负担，而一次总付税的采用会改变这种效率损失的状况。如果退而求其次，用消费税和增值税等方面来代替对资本和收入等要素的课税，则社会福利水平仍然可以得到改进。

Jorgenson 和 Yun（1986）同样利用 CGE 模型分析税收与资本配置问题，但是鉴于模型中参数取值对研究结论可能产生较大的影响，所以采用计量经济模型等更加准确的估计方法，而不是直接赋值。研究表明，税收对资本配置的效应非常明显。Goulder 和 Summer（1987）利用 CGE 模型研究了税收政策的动态效应，包括公司所得税等。并指出，鉴于税收种类的多样性，需要根据不同税收的特点来区别各税种的经济效应。

Araujo 和 Ferreira（1999）分析了巴西税收改革问题，但是由于收入中性假设并且没有研究税收改革的收入分配效应，使结论受到了一定的影响。Lledo（2005）对上述研究进行了一定的完善，引入消费者异质性，并扩展了税收收入来源，使用动态 CGE 模型分析用消费税替代金融资产交易税可能给巴西宏观和收入分配效应造成的影响。为了达到财政运行的目标，税收改革将会带来公共债务水平的下降。尽管消费税水平有所上升，但是大多数消费者的终身福利水平都有所提高。Auerbach，Kotlikoff 和 Skinner（1983）以及 Auerbach 和 Kotlikoff（1987）利用世代交叠的无限期代表性家庭的 CGE 模型验证了美国所得税下降的经济增长和福利水平效应。Krussel，Quadrini 和 Rios－Rull（1996）研究认为，相对于所得税来说，如果实行消费税，那么产出将会更低，但是对中位选民来说，他们的福利水平并没有明显改变。但也有研究持相反结论，Milesi－Ferretti 和 Roubini（1994）认为取消所得税对经济增长并无明显效应。

2.3.2 国内税收 CGE 模型研究

翟凡、李善同、王直（1996）利用一个包括 22 个部门、12 个代表居民的动态 CGE 模型，从社会福利水平和收入分配等角度，评价了几种可选税收对贸易税的替代作用。这些税收包括个人所得税、企业所得税、消费税以及政府转移支付等，其中累进的个人所得税相对于其他税收在促进社会公平方面具有优越性。

王韬、周建军、陈平路（2000）采用 CGE 模型分析了我国第三产业中增值税、消费税和营业税对我国经济的影响。得到的结论是，如果其他条件不变，税收政策对经济产出水平具有影响；税收会抑制对资本的需求，压低社会投资，所以应适当降低流转税比例。

杨元伟（2000）利用 CGE 模型分析税收政策，讨论的重点是总产出、税收负担、收入分配以及就业等几个方面。政策选择包括调整间接税税率、企业所得税税率、个人所得税税率等。结果表明，这些税收制度对产出、就业、税负分配、收入分配等都具有影响。应提高流转税税率，以促进就业和消费。

王韬、周建军（2001）采用 CGE 模型分析了资本税的税收归宿和税收负担。资本税会造成公司部门资本使用减少，非公司部门资本使用增加，资本收益下降，从而税收负担被资本所有者所负担。资本价格相对于其他要素价格将会上升。相对价格水平和产出水平也将有所变化。

王直、徐滇庆（2002）建立了动态 CGE 模型对个人所得税的经济运行展开分析。结果表明，如果提高工资水平，增加个人所得税的税收比重，尤其是收入水平较高人群的个人所得税，可以实现收入差距的缩小，并有利于经济增长。

曹静（2009）利用 CGE 模型分析了如何设计我国的碳税实行方案。认为碳税需要建立在排污权交易价格的基础之上，并对碳税中税基、税率等税收要素的设定进行了定量分析，对税收中性假设下税收返还、补贴和对私人部门收入分配问题展开了动态分析。林伯强等（2012）也利用动态 CGE 模型分析了碳税问题，及其对宏观经济的影响。研究认为，如果碳税税率保持在 5% ~12% 之间，那么宏观经济生产成本完全可以承受，这样也有利于资源的有效利用和经济的持续发展。

胡海生、刘红梅、王克强（2012）利用 CGE 方法研究了我国房地产税的效果。认为上海和重庆房产税改革方案对我国房地产市场调节作用十分有限，对调节收入差距也不能产生显著的效果。但如果统一征收 0.8% 比例的房产税，则既可以满足部分地方政府的财政收入，也可以实现收入分配和对房地产行业的调整目标。

2.3.3　CGE 模型的优势和不足

CGE 模型的优势和不足都很明显，它是经济政策研究的有效工具，但也存在一些不足，具体来看包括以下两方面。

一是模型结果的准确性受到一定质疑。CGE 模型包括了诸多经济主体和市场均衡条件，由于是对真实经济世界的简化和抽象，故必然存在或多或少的偏差，而这种偏差的大小是很难事先知晓或能够被准确衡量的；同时，模型中的参数或者利用校准方法得到，或者通过计量方法估计求得，而模型取值方面也会存在一定的偏差。如果模型对参数取值较为敏感，那么参数取值方面的变化也会造成结果和结论的不稳定，这些都会影响模型应用的效果。

二是 CGE 模型描述的优势在于实体经济，而对虚拟经济和金融市场的描述则不是很有力。目前，虚拟经济的发展速度之快已经远远超过了人们可以想象的范围，电子商务的拓展对现有为产业均带来了巨大的影响；金融市场在经济发展中作用明显，金融市场的风险会带来实体经济的波动甚至危机。以上 CGE 模型的缺点会严重影响其在经济研究中的地位和作用。

然而，CGE 模型的优势也很明显，总结起来有以下几点。

首先，CGE 模型的特征就在于同时考虑了多个部门和市场的行为模式和均衡情况，相对于局部均衡来讲，更能够全面地了解经济运行的全貌。

涉及的市场包括要素市场、国际市场、产品市场、政府预算、资本市场等，涵盖消费者、生产者、政府等多个部门。模型中各部门之间的相关性可以保证政策变量的变动能够对经济整体的变动情况保持准确的、全面的了解。

其次，模型中的均衡条件都是根据经济理论和行为方式来予以确定的，所以模型具有扎实的理论基础，这也保证了模型的合理性和解释力。在模型中，从参数取值到均衡条件，都需要从现实经济中取得实际支撑。所以，模型既有理论基础又有现实依据，从而保证了模型的研究能力。

最后，模型可以用来进行政策效果模拟和评价。通过对模型参数取值进行调整和改变，以及变动模型设置，可以很方便地考察相关政策变量和参考指标是否会受到影响。这样做的好处在于能够精确地控制其他变量的变动，将所感兴趣的变量或所研究的效应与其他影响分离，得到政策效果的精确估计。

CGE 模型在税收政策设计与模拟、国际贸易、环境保护、财政政策、产业政策等研究方面具有了广泛的影响，本书采用 CGE 模型对我国税制改革问题进行研究。

第3章 我国当前税制改革及其政策取向

《中共中央关于全面深化改革若干重大问题的决定》，明确提出了要继续深化财税体制改革，建立现代财政制度，改革税制、稳定税负、提高效率，发挥中央和地方两个积极性。这意味着，继20世纪90年代分税制改革之后，新一轮大规模财税改革呼之欲出。2014年6月，中央政治局会议审议通过《深化财税体制改革总体方案》（以下简称《方案》）。《方案》指出，财政是国家治理的基础和重要支柱，财税体制在治国安邦中始终发挥着基础性、制度性、保障性作用。《方案》制订了加快财税体制改革、积极构建有利于转变经济方式的财税体制和完善税制的纲领。习近平总书记所作的十九大报告又进一步提出，“加快建立现代财政制度，建立权责清晰、财力协调、区域均衡的中央和地方财政关系。建立全面规范透明、标准科学、约束有力的预算制度，全面实施绩效管理。深化税收制度改革，健全地方税体系。”本章对税制改革方向及政策取向进行具体展开和论述。

3.1 当前税制改革的主要目标和内容

3.1.1 当前税制改革的背景

党的十八届三中全会为全面深化改革作出了顶层制度设计，习近平主席在2012年12月的中央经济工作会议上指出，当前改革已进入“攻坚期和深水区”，“要深入研究全面深化体制改革的顶层设计和总体规划，明确提出改革总体方案、路线图、时间表。要坚持有效的改革路径，尊重人民首创精神，尊重实践、尊重创造，坚持全局和局部相配套、治本和治标相结合、渐进和突破相促进，鼓励大胆探索、勇于开拓，允许摸着石头过河。”

我国正处于全面建设小康社会、实现中华民族伟大复兴的关键时期，积极推动深化税制改革，是促进经济发展、改善民生和维护社会公正的需要，也是实现“两个一百年”伟大奋斗目标的制度要求。税制改革是在这一背景下提出和推行的。

3.1.1.1　当前税制改革是完善国家治理体系和推进治理能力现代化的必然要求

一个国家的治理体系和治理能力集中体现了制度及其执行能力，而财政制度和体系是国家治理的基础和重要组成部分，其中税收制度的科学性、有效性和税收体系的完备性又直接代表了政府治理能力的现代化水平。深化税制改革，不仅可以促进政治进步、社会和谐和生态文明；而且推动和完善税制本身就是国家治理体系完善的过程和国家治理能力提高的具体体现，对于提高国家财政能力、促进经济健康发展具有重要意义。

3.1.1.2　当前税制改革是我国推进供给侧改革的必然要求

2015 年，面对宏观经济下行压力，我国采取了积极的财政政策以及一系列相关的稳增长政策。然而，在实体经济发展萧条、外需持续疲软的情况下，经济向好或趋稳的预期并不扎实。同时，财政政策的逆周期调控以及宏观经济下行对财政收支形成压力。2015 年，全国一般公共预算收入同口径增长 5.8%，全国一般公共预算支出同口径增长 13.17%。在财政收入增长放缓的情况下，财政支出进度却明显加快，政府财政收支矛盾突出。

2016 年至今，我国继续实行积极的财政政策并加大力度，同时实行“供给侧”财政改革。一方面，加大财政赤字，并大力推行结构性减税，适度降低社保缴费水平，帮助企业降低成本，保持竞争优势；另一方面，试图通过价格调整、企业合并重组、完善市场退出机制等途径化解过剩产能、去库存，从制度因素、组织创新能力等角度为提高全要素生产力创造可能。然而，当前税制中增值税、消费税等流转税占比过高，以流转税为主的“跛足税制”实质上鼓励地方政府追求过剩产能；同时企业实际税负过高严重影响竞争优势的发挥，因此，如何在实行“供给侧”改革的过程中优化税制成为改革必须思考的问题。

3.1.1.3　当前税制改革是促进社会公平、构建和谐社会的必然要求

税收是调节收入分配的重要手段和工具。我国现行税制的收入分配、促进社会公平的作用相对较弱，主要原因在于：首先，间接税的比例较

高，税制累退性较强，存在贫富间的税负不公；其次，个人所得税的征收范围较小，调节机制尚待完善，调节收入分配的力度较弱；最后，房地产税制体系不完整，未起到对存量财富的征管、调节作用。这些问题的解决都亟待深化税制改革，进一步发挥税收体系调节收入分配、缓解社会收入差距继续扩大的作用。

3.1.1.4　税制改革是提高经济开放水平的必然要求

当今世界经济的全球化程度日益加深，作为第二大经济体，对外开放和走出去是我国经济的必然走向。但现行税制不利于进一步促进开放水平的提高。主要问题在于：一是我国税制有待进一步提高国际竞争力；二是对于跨境纳税人合法权益的相关保护工作需要提高，国际税收交流合作有待进一步向纵深拓展；三是支持企业“走出去”的相关政策急需充实。推进相关改革，是我国参与国际经济合作并且提高竞争水平的必然要求。

3.1.2　当前税制改革的主要目标

税制改革需要解决的问题很多，但受各方面条件的制约，需要明确主要的问题，特别是明确那些迫切需要解决的问题，并制定合理可行的改革目标，在有限的人力、物力约束下，尽可能达成最大的改革成效。

要回答什么是我国税制改革的主要目标，就要先回顾我国经济面临的主要问题。当前我国经济取得巨大成就，但也出现了很多问题：一是收入差距增大，2013年我国居民收入基尼系数为0.473，高于国际警戒线；二是内需不足，经济对出口和投资的依赖过大；三是粗放式发展亟待转型，能耗强度是日本的5倍；四是环境污染问题日益突出；五是人口红利难以持续，劳动力资本成本上升，面临“未富先老”的窘境。

基于以上五个方面的经济形势和要求，我们认为，当前税制改革的目标可用六个“有利于”来定位：税制改革要有利于市场经济的进一步发展；有利于促进产业结构升级和经济发展方式由粗放型向集约型转变；有利于调节社会收入分配不公和区域平衡发展；有利于环境保护和资源节约；有利于参与国际竞争和对外开放；有利于推动城乡经济一体化发展。与此相适应，进一步税制改革的主要目标可归纳为如下三点。

3.1.2.1　稳定宏观税负，实现税制内部结构性减税与增税相结合的优化平衡

对我国宏观税负水平的讨论一直是个热点，一些学者认为经过连年的快速增长我国税负已经过高，需要全面减税；但我国人均财政收入和支出的水平却很低，人均财政收入仅为1166美元，排名居于世界100名之后。

当前我国正处于全面建设小康社会关键时期，大量的公共投入需要财政资金支持，为提高政府公共服务供给能力，促进国民福利水平提升，仍需要保持一定的宏观税负水平。即当前税制改革要以稳定宏观税负为前提，结构性减税与结构性增税相结合，促进税制内部的结构优化和平衡。

3.1.2.2 优化税制结构，合理调整直接税和间接税比例，完善税制体系

当前我国社会收入分配差距和两极分化问题日益加剧，对税制“公平”的要求也越来越高。而目前我国税制仍然主要依赖流转税，间接税比重过高，不利于社会公平。因此，税制改革的一项重要目标就是要逐步提高直接税比重，构筑直接税与间接税双主体系统。要加快研究推进财产税、资源税和环境税的综合改革，构筑完整的现代税制体系。

3.1.2.3 加快地方税体系改革，赋予地方政府合理的自主权和稳定的财源

我国地方税系庞杂，收入规模较小，唯一的主体税种——营业税随着营改增的推进而终止。地方税是分税制财政体系的重要基石，是稳定地方财政、保障地方经济建设和社会事务管理的重要支柱。因此，税制改革应研究确立专属于地方政府的主体税种，全面完善地方税体系建设，促进政府间财权和事权的平衡。

3.1.2.4 完善税种，提升税收服务经济社会发展的能力

我国目前的税制体系仍不够完善，当前税制改革的一个重要目标就是要完善税种，建立完整的现代税收体系。一是要继续推进增值税改革，促进经济发展方式转变；二是要完善个人所得税，推进“综合与分类相结合”的改革，充分发挥其收入分配调节作用；三是加快资源税和环境税改革，促进经济可持续发展和“两型社会”建设；四是研究制定房地产税体系立法和改革，凝聚共识，逐步推进，完善房地产税收体系。

3.1.3 当前税制改革的主要内容

党的十八届三中全会对我国的全面深化改革做出了全景式的顶层设计。财税体制作为全面深化改革的重点任务，也在全会的纲领中作出了全方位的设计和部署，明确指出了今后一段时间财税改革的方向。总体而言，当前税制改革主要内容可概括为：“稳定税负，完善税收制度，清理规范税收优惠政策，落实税收法定原则。”

3.1.3.1 当前税制改革的重要前提是“稳定税负”

党的十八届三中全会首次提出了“稳定税负”的提法，这不仅是对结

构性减税指导思想的深化，同时也是税制改革内涵的拓展。

我国财政收入自 1994 年财税体制改革以来稳步提高，财政收入占GDP（国内生产总值）的比重持续上升，2012 年大口径财政收入占国内生产总值的比重高达 32% 左右。这一指标处于全球中等收入国家的中等水平，低于发达国家的平均水平。总体来看，目前广义宏观税负水平较为适宜，既不宜继续提高，也不宜大幅降低，应保持稳定。在“稳定税负”的前提下，当前税制改革的重点应主要集中在以下两个方面：

（1）优化税制结构

我国是一个发展中国家，税收制度长期以来以间接税为主体。间接税占比过重，直接税占比过低，主要体现为税制不够完善、税种设置不全面不合理，对个人收入和财富进行分配和调节的税种缺失，政府缺乏调节收入分配的手段和工具。我国间接税占比过高，以流转三税占主体的货劳税长期高达 70%，远远超过世界平均水平。由于间接税是对流转环节中的商品和劳务征税，因此与商品价格的相关度较高；同时间接税还具有累退性，因此其比重过高容易造成物价上涨、消费需求抑制并且容易增加低收入者的实际税负，不利于收入差距调整以及经济社会发展方式转型。总的来说，从税制改革的原则方向来看，当前税制结构要实现从以间接税为主体向间接税、直接税并重的方向转变。在改革过程中，应合理调节直接税间接税比重，逐步增大直接税比重、降低间接税比重；同时，保证税负的稳定，使各项措施协调进行，从而尽可能减小改革的阻力，便于改革的推进。

（2）优化政府收入结构

税收是我国政府收入的主体，但除此之外还有大量的非税收入，包括各项政府性基金以及各级政府的收费等，而且这些收入的比重还很大，这种税费并行的局面极大地影响了政府财政制度的规范性。我国 2012 年税收收入占 GDP 的比重是 19.4%，但全口径财政收入占 GDP 的比重为 32%，也就是说，税收收入只占全部财政收入的 60%。税收收入的占比过低，税制改革的操作空间受到挤压，不利于税制改革的开展。所以当前税制改革的一个重要任务是理顺税收收入和非税收入的关系，将政府的各项税费收入规范化，清理规范各项政府性基金和各类非税收入，对于符合规定的实现“费改税”，对于违规和不合理的乱收费项目要坚决取缔，实现政府收入规范化，从而提供更大的操作空间给税制改革。

3.1.3.2 深化税制改革的关键环节是“完善税收制度”

党的十八届三中全会通过的《决定》指出了完善税制改革的指导意见，对于增值税、个人所得税和房地产税、资源税等各具体税种的改革提供了指导意见和方向。

2016 年 5 月，我国全面推开营改增，试点范围扩大到建筑业、房地产业、金融业、生活服务业，并将所有企业新增不动产所含增值税纳入抵扣范围。针对增值税税率档次较多、征收繁琐等问题，中央已于 2018 年 5 月 1 日起执行新的简并税率的改革：原适用 17% 和 11% 税率的，税率分别调整为 16%、10%；纳税人购进农产品，原适用 11% 扣除率的，扣除率调整为 10%。根据“两会”精神，今后还将进一步改革完善增值税，按照三档并两档方向调整税率水平，重点降低制造业、交通运输等行业税率，提高小规模纳税人年销售额标准。

《决定》提出的消费税的征收范围进一步扩大，将部分高能耗高污染的产品以及一些高档消费品纳入征收范围，体现了税收对环境资源和收入分配的调节和协调作用。消费税的调整自 2016 年一直动态进行，未来还需要扩大征收范围，同时根据不同商品的污染程度和对资源的消耗和破坏程度适当调整税率，并且采取差别税率，区别课征。与此同时，根据《决定》中的调整征税环节的指向，可以将部分商品的征税环节后移至批发环节或零售环节，同时将部分税收归为地方，以弥补营改增之后的地方税收缺口，满足地方支出需求。

个人所得税的改革是当前税制改革的一项重要任务，党的十八届三中全会指出要“逐步建立综合与分类相结合的个人所得税制”。当前我国个人所得税主要针对工资收入征收，已沦为实际上的“工薪税”，此前的一些调整多集中于免征额的调整，缺乏深入的改革。根据世界其他国家的经验，并从公平和调节收入分配额的税制设计角度看，个人所得税改革的终极目标应是实现综合与分类相结合的现代科学的个人所得税体系，实现工资、薪金及资本利得和偶然性收入的全面分类征收，以及根据家庭教育、住房等整体支出费用核算扣除标准的制度。此外，还应将居民消费价格指数与扣除额挂钩，定期浮动调整。

建立房地产税体系是当前税制改革的一个重要工作，党的十八届三中全会提出了要“加快房地产税立法并适时推进改革”，首次提出要对房地产税进行相关立法。房地产税在房产的保有环节课税，这与百姓的利益息息相关，一方面有利于地方政府形成稳定的财源；一方面增大房产持有成本有助于抑制房价过快上涨。对于房地产税改革，首先需要统筹现有的各项房地产相关税和费的征收，并且逐步整合现有的房地产开发、流转和保有环节涉及的各项税费，将当前的侧重于流转环节征收改为保有环节征收，提高投资者的持有成本，增强房产税的收入调配作用，推进房产税改革。

3.1.3.3　深化税制改革的基本要求是“清理规范税收优惠政策”

我国目前的优惠政策管理控制没有完善的法律系统支撑。不同层级政府间的优惠政策和法律法规不够协调，还存在一定的冲突。不同地区间的优惠政策还存在着攀比和恶性竞争的状况，这对于发挥税收的宏观调节作用是极为不利的。由于 GDP 考核的压力，各地方政府竞相采用政府财政补贴和先征收后返还等方式进行实质上的税收返还，以达到地方政府人才、项目竞争和招商引资的目的。这些行为造成了严重的恶性竞争后果，扭曲了资源配置，降低了效率，降低了税制的严肃性和规范性，造成了地区间的横向不公平竞争。十八届三中全会提出要“清理规范税收优惠政策”，这一举措可有效减少税收优惠政策的过度滥用，维护税收制度的严肃性和规范性。

目前的重点工作在于研究整合各种税收优惠政策，对现有的优惠政策规定到期时间，同时规范优惠范围，禁止地方性税收优惠政策的出台。同时要将税收优惠范围制定的权力上收，清理地方性税收优惠规定，查处地方违规的税收优惠政策。

3.1.3.4　深化税制改革的制度保障是“落实税收法定原则”

十八届三中全会特别提出，要切实落实税收法定原则。税收法定原则是指税法主体的构成要素和权利义务必须且只能由法律予以明确规定。任何征税或减免税收措施都必须有法可依。我国虽然已初步建立了适应经济发展的税收体系，但相关的税收法律法规却不够健全。目前我国 18 个税种中有 6 个已实现法定，还有 12 个需要上升为法律。2018 年立法工作计划建议已将耕地占用税、资源税、消费税、契税等 6 个税种列入立法计划。目前还有较多税种仅有“暂行条例”，立法级次低，不适应法治化的发展需求。此外，多年来各级政府和部门出台了大量的法规和部门规章，构成了繁杂的制度体系，存在很多问题，亟须梳理、规范。因此，深化税制改革必然要求税收法制体系的完善，通过改革促进带动立法，依靠立法进一步深化改革。

3.2 当前税制改革的理论和现实依据

3.2.1 最优税收理论

最优税收理论是坚持找寻税收比例、征收模式最优化的学派，在20世纪20年代末发展起来的，至70年代末达到鼎盛，受到许多政府官员、经济学家追捧。主要代表人物是拉姆齐（Ramsey）、斯蒂格利茨（Stiglitz）、米尔利斯（Mirrlees）和戴蒙德（Diamond），等等。[①]

最优税收理论的假设前提是：①完全竞争市场；②行政管理能力不干涉税收工具使用，即任何税收工具的使用都不受政府行政管理能力的限制（总付税例外），并且行政管理费用相当低廉；③实现福利极大化。

基于以上假设，最优税收理论认为：政府征税是需要付出成本的，如征税人员人力资本、办公成本等，由于此类成本干扰了资源自由合理配置的经济效率，造成超额负担（excess burden），因此，政府应寻找成本低、同时对经济效率干预小的最优税收工具，即确保政府征收的税额能够在维持政府基本运转、公共基础利益的前提下，降低征税成本、减少政府对经济的干预。

由此，最优税收工具主张核定政府征税的总量，根据该总量进行税收征缴。为实现基于总量的税收征纳，最优税理论主张最优商品税理论、生产效率的税收条件理论和最优累进所得税理论。很明显，最优税收理论是基于自由经济的税收理论，主张政府尽可能不干预、少干预经济，虽然从一定程度上最优税收理论以税收总量为出发点，保证政府运营和民众基本公共利益，但整体来说，最优税收理论不赞同税收是政府干预经济的工具，不赞同将税收作为调节贫富差距的手段来操作。

3.2.2 供给学派的减税理论

供给学派有许多关于税收的理论，但近年来最受追捧的就是供给学派的减税理论。很明显，是否减税是税制改革中最难以两全的内容。

---

① 本部分参考了多位中外经济学家的著述包括：约瑟夫·斯蒂格利茨，《政府经济学》，第四篇，第16~18章，曾强、何志雄等译，春秋出版社，1988；郭庆旺、苑新丽、夏文丽，《当代西方税收学》，第Ⅳ篇，第15~17章，东北财经大学出版社，1994；张维迎，《詹姆斯·莫里斯论文精选——非对称信息下的激励理论》，第8部分，商务印书馆，1997；王雍君，《税制优化原理》，第10章，中国财政经济出版社，1995；张赫城，《最优税研究》，第7章，东北财经大学，2007。

现实中，由于近年来受经济危机影响，为刺激经济，减税受到各国追捧，减税的理论源头很多，其中最具代表性、最受热捧的就是供给学派的减税理论。供给派减税理论的主要代表人物是罗伯特·蒙德尔（Robert Mundell）、阿瑟·拉弗（Arthur B. Laffer）、诺曼·图尔（Norman Ture）和保罗·罗伯茨（Paul Roberts）等。①

供给学派的减税理论虽然并没有给出最优税收的模式定论，但是认为：这种税收制度（最优税制）最重要的目标是促进经济效率，但也允许具有一定的累进程度。从结构上看，供给学派认为下列税收工具符合最优特征：①对个人挣钱能力征收的总付税；②若总付税不可行，次优的选择是对个人自然增长的资本利得（即未实现的资本利得）征税；或对休闲的补充品征税，或对个人一生的支出征税；③对供应和需求相对缺乏弹性的商品和生产要素（如土地）征税；④对意外所得和因占有稀缺资源而获得的收益征税；⑤用以矫正市场失灵的税。

关于最优税制所应具备的最优税率水平，供给学派也未能给出明确的结论，只是做了些泛泛的界定，包括对不同商品和个人收入设计不同的税率；不宜采用高边际税率；现行所得税的高边际税率和累进程度应予降低，等等。

整体来说，供给学派的税制研究支持政府干预经济，在某种程度上与凯恩斯的部分理论有不谋而合之处。虽然供给学派倡导的理想的税制主张以效率为最重要目标，但并未将公平排斥在外。同时，供给学派对“拓宽税基和降低名义税率是协调公平与效率的最好办法”是赞同的，只是对传统的“以高累进税率去获取公平”的做法持批判态度，认为这样的做法既损害效率又未能改进公平分配。

3.2.3　世界各国税制改革的经验与启迪

随着经济社会发展，如何收税，不仅是维系政府运营、维护公共利益成本的问题，而且涉及社会公平，已经成为政府调节经济发展、缩小贫富差距的重要手段。近期，美国的特朗普税改就成为各国关注的焦点。

税制改革作为各国政府领导人关注的重点，在许多民主选举国家，甚至是影响领导竞选的最关键点。从现实的税费改革来看，世界税制改革的总体趋势可以总结为有增有减的结构性调整。具体情况如下：

---

① 王雍君．税制优化原理［M］．北京：中国财政经济出版社，1995：238.

许多国家降低了个人所得税和企业所得税税率，特别是在特朗普税改计划提出要将美国的企业所得税税率由35%降低到15%之后，不少国家考虑跟进调降企业所得税税率。与此同时，许多国家悄然增加了针对富人的税赋，如法国、西班牙等都表示要提高对富人征税。由于此部分增税仅针对高收入阶层，且提高的都是边际税率，与惠及中低收入阶层减税一起实施，故在通过税收调节贫富差距、促进经济复苏双向调节方面取得了良好效果。

除了针对高收入阶层提高税赋之外，环境资源税也是各国普遍认同、新增的税赋。这不仅仅是因为许多国家越来越重视改善日益恶化的环境问题，而且由于普通民众对于此类税赋的增加持赞同态度，故此类税赋增加不仅不会减少选民支持，还是许多政治家获得选票的筹码。

环境资源税中最引人注目的是碳税，即根据企业生产、经营过程中排放的二氧化碳等对环境有负面影响的排放物的数量，来征收的一种环境资源类税赋。当然，此类税赋征收在实际操作中还存在许多问题，征收此类税赋的利弊也存在许多争论，因此自2009年以来，此税种成为谈论热点，却鲜有国家实际操作。究其原因是，一方面，担心如果开征碳税，根据供需理论，资源价格水平将上涨，由此可能引发物价飞涨等连锁经济反应；另一方面，许多以资源开发为主业的跨国公司可能会利用各国征收碳税的差异，将产业转移到不征收此类税赋的国家，从而实现利润转移，这样的做法将使资源输出国蒙受损失。但是从未来来看，环境资源税在各国成为新增税种是大势所趋。

3.3 当前税制改革的政策分析

3.3.1 我国税制改革的历程和现状分析

改革开放以来，随着我国经济体制的逐步完善，作为财政体制最重要组成部分的税收制度也随之不断调整和变革，主要阶段如下。

（1）计划商品时期的税制改革（1978—1993年）

随着1978年以来的改革开放政策的贯彻实施，我国经济管理体制发生了根本性的变化，此前的单一税制已难以适应新兴经济形势，因此，政府开始推动工商税制的大规模恢复重建，并推行“利改税”政策。截至1992年，我国已初步建成了较为完整的税收体系，拥有20多个税种，包含多环节课征，与当时的计划商品经济体制发展要求初步相适应。

（2）市场经济体制下的税制改革（1994—2008 年）

1994 年，为了弥补前一时期税收制度的不足，适应社会主义市场经济体制发展的要求，中央政府于 1994 年对我国税收制度进行了全面的分税制改革，改革的重点是流转税和所得税，指导思想是“统一税制、公平税负、简化税制、理顺分配关系、保证财政收入”。值得一提的是，建立了中央税、地方税和中央地方共享税收入体系，实行了中央和地方税收分税制，税收征管、监控力度得到加强，极大地提高了税制效率和征管水平。1994 年税制改革简化了税制，改进了税制结构，增强了税收筹集资金的能力，提高了政府宏观调控功能，为社会生产力的发展起到了重要的促进作用。

（3）转变经济发展方式时期（2009 年至今）

随着经济的发展和经济结构的变迁，现行税制与经济发展的矛盾逐渐加深，影响了投资与消费的增长。1994 年分税制改革确定的双主体税制结构在实际运行中愈加失衡，多年来流转税税收收入的比重高达 70% 左右，而所得税比重却仅有 20% 左右。“双主体”税制实际沦为了“跛足税制”。

针对这种状况，2008 年 12 月，中央经济会议首次提出了“结构性减税”的改革方向。与全面减税不同，结构性减税是根据特定目的实行的，对于特定税种的税负水平削减，它不是对所有税种的税负水平平均的或者说一刀切的削减，而是有选择性有针对性的削减。此外，结构性减税也并非大规模的减税，它所推行的是小幅度的税负水平削减，因此是有限度有剂量的减税。同时，结构性减税还意味着实际税负水平的下降，它并非仅仅是总量不变的结构调整，尽管实际当中既有增又有减，但最终的目标是纳税人实质承担税负的下降。

综上所述，结构性减税目的在于优化税制结构、削减实际税负水平，着眼于经济增长和经济发展方式的转变，最终达到减轻个人和企业税收负担的目的。近几年来，我国对税收制度作了不少结构性调整，具体内容包括如下方面：①

（1）全面营改增改革完成。

2011 年 10 月 26 日，国务院常务会议决定，从 2012 年 1 月 1 日起，在

① 中国人民银行成都分行调查统计处课题组．我国结构性减税及其经济效应研究［J］．金融发展评论，2012（10）．

部分地区和行业开展深化增值税制度改革试点这标志着新一轮增值税改革的启动，有利于降低中小企业特别是服务性行业的税负，进而推进产业结构调整。2013 年 5 月 24 日，财政部、国家税务总局发布《关于在全国开展交通运输业和部分现代服务业营业税改征增值税试点税收政策的通知》（财税〔2013〕37 号），对自 2013 年 8 月 1 日起，在全国范围内开展交通运输业和部分现代服务业营改增试点工作作出规定。2016 年 5 月 1 日起，我国全面实施“营改增”，营业税退出历史舞台。营改增试点范围扩大到建筑业、房地产业、金融业、生活服务业，并将所有企业新增不动产所含增值税纳入抵扣范围，确保所有行业税负只减不增。至此，历经 4 年多的区域和行业扩围，全国范围、全部行业的营改增试点全部完成。

（2）进一步降低、简并增值税税率。

我国在 2016 年全面实施营改增后，有 17%、13%、11%以及 6%四档税率。自 2017 年 7 月 1 日起，简并增值税税率结构，取消 13%的增值税税率，将农产品、天然气等增值税税率降至 11%。2018 年 3 月 28 日召开国务院常务会议又明确了下一步深化增值税改革方案：5 月 1 日起制造业等行业和交通运输、建筑等行业的增值税税率分别从 17%和 11%降至 16%和 10%。这些措施切实降低纳税人负担，起到降税减负作用。

（3）提高工资薪金个人所得税扣除费用标准。

2011 年 6 月 30 日，十一届全国人大常委会表决通过关于修改个人所得税法的决定，将个人所得税免征额调高到月收入 3500 元，以减轻居民税收负担。2018 年的政府工作报告提出要“提高个人所得税起征点，增加子女教育、大病医疗等专项费用扣除，合理减负，鼓励人民群众通过劳动增加收入、迈向富裕。”2018 年的预算报告提出要“推进综合与分类相结合的个人所得税制度改革，合理提高基本减除费用标准，增加子女教育、大病医疗等专项附加扣除。”这些表述表明，个人所得税即将面临新一轮的减税改革。

（4）统一增值税小规模纳税人标准。

2010 年 3 月 20 日起，降低了一般纳税人门槛，《增值税一般纳税人资格认定管理办法》的实行切实减轻中小企业的负担。2018 年 3 月 28 日召开的国务院常务会议又进一步明确，从 5 月 1 日起统一增值税小规模纳税人标准。将工业企业和商业企业小规模纳税人的年销售额标准由 50 万元和 80 万元上调至 500 万元，并在一定期限内允许已登记为一般纳税人的企业转登记为小规模纳税人，让更多企业享受按较低征收率计税的优惠。此外，对装备制造等先进制造业、研发等现代服务业符合条件的企业和电网企业在一定时期内未抵扣完的进项税额予以一次性退还。

3.3.2　当前实行税制改革的必要性

税制改革是不断改造税收制度使之与经济发展新水平和社会新要求相适应的过程，是国家财税体系和政府治理的必然要求。从优化税收制度本身和完善宏观调控手段来说，税制改革也有其必要性。

3.3.2.1　税制改革是优化税制的必然选择

一个完善、良好的税收制度必然要求其兼顾公平和效率两方面的要求，而这也是我们进行税制改革的目的所在。当前我国流转税比重过高，政府通过税收调节收入分配的空间较小，对于税收的公平性产生了一定影响。提高直接税比重无疑是加强税制公平性的重要举措，例如开征房地产税是加强对存量财富的调节；个人所得税的综合和分类改革可加大个人所得税的征收范围，提高对高收入者的调控力度；资源税的改革和环境税的开征是对资源和环境的节约和保护，能促进代际间的公平。同时这些改革也是促进我国的经济发展和税收体系的可持续性的重要组成部分。因此，当前税制改革是对公平和效率原则的进一步深化，有助于构筑良好的经济发展环境，也是税收制度发展的内在要求。

3.3.2.2　税制改革是促进我国经济结构优化的内在要求

世界发达国家的经验表明，经济增长与经济结构是相辅相成、互相促进的，经济结构随着经济增长而变动，经济增长又会受到经济结构的制约和影响。当经济发展到一定程度时，就面临着转型期或者是一般所谓的“中等收入陷阱”，这就要求经济结构的及时转型。当前，我国正处于生产方式转型的关键路口，能否实现持续高速增长，关键是调整经济结构。目前，我国经济中存在着地区间经济发展不平衡、产业结构不合理、城乡二元结构等问题，但税收的调节作用发挥得还不够，一定情况下甚至加重了这些不利影响。因此，当前推进的增值税资源税、改革、环境税开征等措施体现了经济结构调整和优化对税制改革的要求和发展方向。

3.3.2.3　税制改革是促进我国经济、社会可持续发展的长期战略性选择

经济社会可持续发展需要多种关系的平衡，包括人与自然的关系、居民和政府的关系以及政府之间的关系，等等。当前我国经济增长的能耗过大、环境污染严重，造成人与自然间的不和谐；政府的间接税收过多，直接税有限，税收公平原则体现不够，物价过高，收入调控力度有限；政府

间事权财权不平衡，造成转移支付、二元财政等问题影响公共支出的效率提高。这些关系的调整平衡都需要税收制度的合理设计和高效运作，因此，当前税制改革是推进我国经济、社会可持续发展的必然战略选择。

3.3.3 当前实行税制改革的可行性

当前我国经济的高速发展，一方面对税制改革提出了新的要求；另一方面多年的物质积累和财富增长也为税制改革的顺利推进提供了现实的财力支持和物质基础。因此，我国的税制改革是现实可行的。

近年来，我国政府财政规模不断扩大，2017 年全国财政收入 17.2 万亿元，支出首超 20 万亿元，仅次于美国，位列全球第二，财政税收收入增长速度多年来一直高于 GDP 增长速度。社会经济发展更是取得举世瞩目的成就：2017 年中国 GDP 总量 82.77 万亿元，为第二大经济；2017 年中国货物贸易进出口总值 27.79 万亿元人民币，居全球第一。

这些数据表明，政府积累了足够的财力应对税制改革可能造成的政府收入变化或波动。如高培勇（2013）认为，营改增等结构性减税措施的推进并不一定会带来总体财政收入的“回落”，他指出 2012 年的实际超收规模达到了 1.4 万亿元人民币，当年的财政收入和支出的平衡基础并没有被打破，因而中国政府完全有空间实施既定目标的结构性减税。而且当前的税制结构的前提是稳定税负，对于总体税收收入量的减少和调整并不大，政府需要应对的只是一些结构性的或者短期的波动，因此是完全在政府财政的承担可控范围之内的。

同时，当前税制改革的一个重点和方向是提高直接税比重，而随着经济水平的提高、居民收入水平的增长和财富的积累，直接税的税基也将持续扩大，我国当前的社会财富已相当可观，能够保证房地产税、个人所得税等直接税收入的长期持续增长和收入规模。

当前的税制改革着眼于资源的更有效配置和市场机制的发挥，税制改革的推进必将进一步调整优化产业结构，促进资源的更有效利用，从而增强企业的活力和竞争力，实现国民经济的持续、快速、协调发展，这也将有力地反作用于税收体系，促进其长期健康、可持续发展。

第4章　分析框架：可计算一般均衡模型

从20世纪50年代起，可计算一般均衡模型（CGE模型）理论研究与应用开始在世界范围内逐渐兴起，并被广泛地应用于国际贸易、财税政策、环境保护等问题的分析工作之中。税收政策分析是CGE模型应用的一个重要领域。

根据Shoven与Whalley（1984）的研究，利用CGE模型来分析税收等宏观问题的原因可以简单的归纳为：定性分析通常只能研究税收政策运行可能产生的影响，不能确定这种影响的具体大小与范围；而局部均衡分析在税收研究领域的局限则更加明显，税收属于国民经济再分配范畴，税收政策的变动将对整个经济系统产生显著影响，因此，如果仅仅采用局部均衡方法来分析税收问题难免存在局限（Stout，1991）。国际上研究税收管理问题更多地倾向定量分析。综合以上原因，CGE模型在这两个方面都能很好地满足研究者和决策者的要求，可直接为税收管理决策提供数量结果，因此，CGE模型在税收管理研究领域得到了广泛应用（Shoven，Whalley，1984，1992）。

4.1　模型设定与基本框架

为保证测算结果的可信性和国际可比性，本书在著名的GTAP模型的基础上构建我国税收CGE模型进行分析和测算。GTAP（Global Trade Analysis Project）模型是美国普渡大学开发的多国家一般均衡模型，它考虑了外生变量的变动对生产、贸易、投资和福利水平等各个经济变量的影响，能为政策分析和模拟提供具体定量的结论建议（Hertel，1997），很适合分析税收政策变化对整体经济的影响，即社会福利变化值。此外，GTAP 数据库包含了多个国家同一年度的税收、产出、投资、贸易等各项经济数据，因此适于对各国同期的税收超额负担进行横向比较。

GTAP 模型是以 Warlas 一般均衡理论为基础构建的比较静态模型。模型首先构建单国家多部门一般均衡子模型，再通过国际贸易关系将各子模型联结成多国多部门一般均衡模型，其基本构架如图 4－1 所示。模型假定市场完全竞争，生产规模报酬不变，消费者效用最大化，生产者成本最小

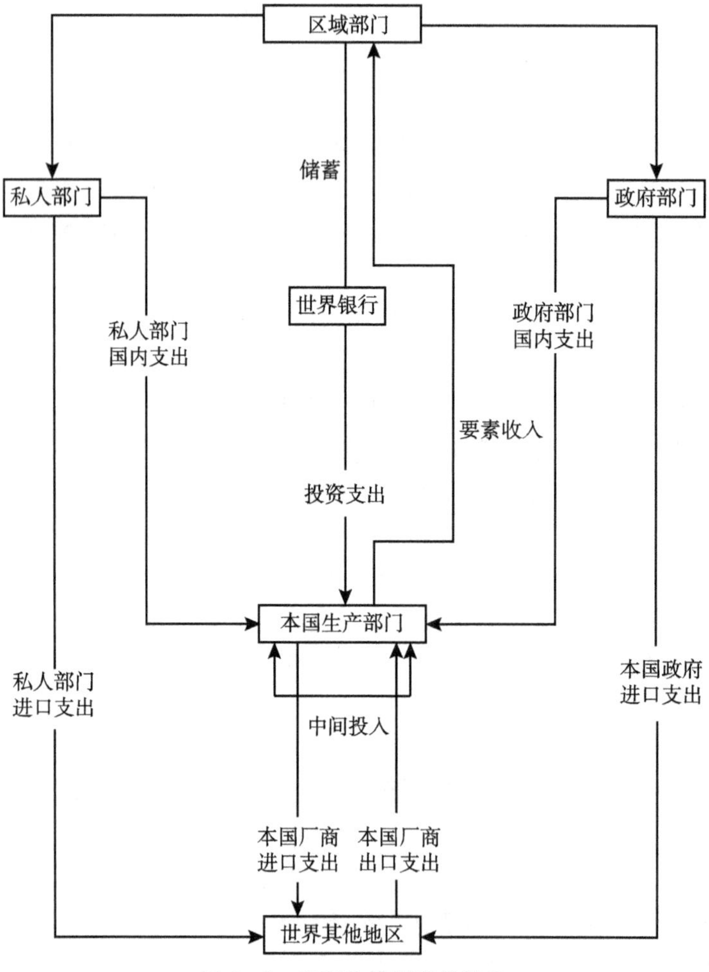

图 4－1　GTAP 模型总体结构

化，所有产品和投入要素出清。劳动力在国内自由流动，土地在部门间不完全流动。进口产品与国内产品不同质，服从 Armington 假设①。

模型中的区域部门行为描述区域产出在私人部门支出、政府部门支出及储蓄间的分配，采用柯布－道格拉斯效用函数，也即这三类当期消费的比例固定。具体结构如图 4－2 所示，其中，私人部门支出首先用 CES 函数将国产品与进口品组成综合商品，然后采用 CDE 效用函数决定产品组合，即家庭对个别产品的消费量既受所有产品价格相对变化的影响，也受私人支出总金额变化的影响，其影响幅度取决于该产品与其他产品的各自价格弹性、交叉价格弹性及收入弹性。

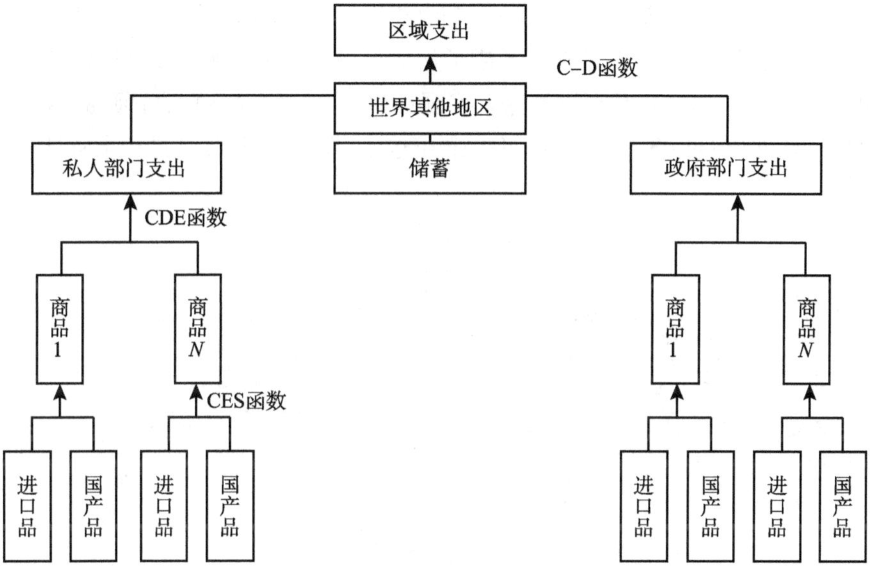

图 4－2　区域支出行为结构

厂商的产出采用 Leontief 函数，在此假设下厂商的综合要素投入与中间投入呈固定比例关系。合成要素投入由原始要素经 CES 函数组合而成；中间投入由不同来源的进口品和国产品经 CES 函数两层嵌套综合而成。具体结构如图 4－3 所示。

① 该处理方法由国际货币基金组织（IMF）研究员 Armington Paul S. 于 1969 在一篇研究不同产地的同质产品间相互替代问题的报告中首次提出，因此，我们一般将这种处理方法称为 Armington 方程。

模型设计了一个虚拟的国际运输部门用以处理国际间的运输活动及其费用，用各国进出口货品的到岸价（CIF）与离岸价（FOB）的差值反映运输需求，其生产函数假定为 C－D 函数。均衡状态下，世界总综合运输供给等于总运输需求。

GTAP 模型考虑了世界各国之间和国内各部门之间的互动关系，探讨了外生变量的变动对各国各部门的生产、需求、价格和福利水平的影响，能为政策分析和模拟提供具体定量的结论建议，因此在税收、贸易、能源、农业和政策的分析决策中得到广泛应用（Hertel，1997）。

绝大多数 CGE 模型都是采用 GAMS 和 GEMPACK 两种计算软件求解，并且已经成为该研究领域的惯例。GEMPACK① 是专门针对局部均衡和一般均衡模型建模、计算开发的系列工具包的组合，它不但包括求解工具包，而且包括一系列的分析工具包，形成了从模型数据收集、整理，到模型计算，再到结果分析的一整套标准程序。客观地讲，在 CGE 模型研究领域，GEMPACK 软件比 GAMS 更为专业。GTAP 也选用 GEMPACK 软件进行求解计算。

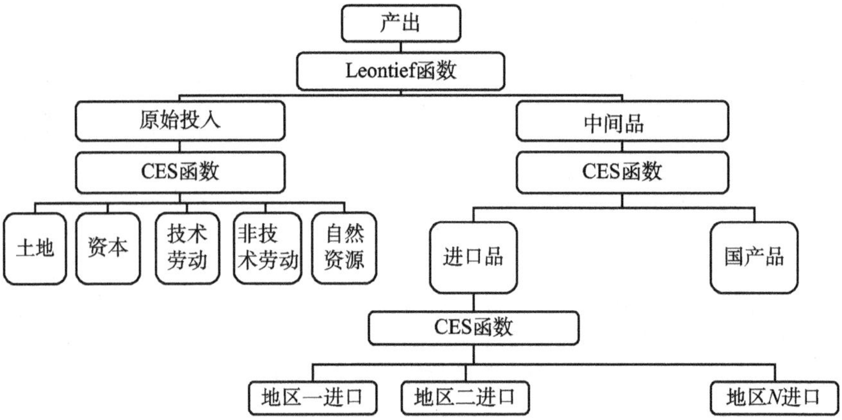

图 4－3　GTAP 生产技术结构

4.1.1　私人部门行为

私人家庭的需求是非同质的，需要采用不同的处理方法。首先，对私

---

① GEMPACK（Harrison & Pearson，2002）由澳大利亚及北欧的一些经济学家合作开发，它采取的求解策略为导数法，具体是 Johanson/Euler 算法，即将一般的非线性模型变成一个用变量的百分率变化表示的线性系统后，再求解。

人家庭的效用计算必须去除人口增长率的影响。因此私人效用的变化百分比 $UP(r)$ 是在人均的基础上定义的。计算私人消费效用变化的百分比取决于所假定的私人家庭的偏好。出于实际的原因，我们选择使用 CDE（constant difference of elasticities）的函数形式，它是由 Hanoch（1975）首次提出的。它处于完全非同质的 CES 函数和完全灵活的其他形式函数的中间。就我们的目的而言，它的主要优点是简便，它可通过校准现有的收入数据和自价格弹性①计算得出。

CDE 的隐预算约束方程如式（4－1）所示：

$$\sum B(i,r)\cdot up(r)^{\beta(i,r)\gamma(i,r)}[pp(i,r)/E(pp(r))]^{\beta(i,r)} \equiv 1 \quad (4-1)$$

式中：i——某部门；

r——某地区；

$up(r)$——r 地区的私人部门效用函数；

$pp(i, r)$——i 部门 r 地区私人部门的价格向量；

$E(\cdot)$——一定效用水平对应的最小预算；

$B(i, r)$——i 部门 r 地区预算份额的比例因子；

β——需求的自价格弹性；

γ——需求的收入弹性，为了简化起见，假设总收入恒等于 1。

要校准这个模型就需要选择合适的 β 代表特定的需求自价格弹性，以及合适的 γ 代表特定的需求的收入弹性。

对式（4－1）全微分，并运用谢泼德引理可得出最小支出、效用和价格之间的关系式，如式（4－2）所示，其中 $CONSHR(i, r)$ 是对式（4－1）中的表述偏好的参数的线性化替代解。$PMSHR(i, s)$ 是某地私人部门可贸易组合商品中进口品的份额。式（4－3）是人均私人家庭的可贸易组合商品需求，式（4－4）～式（4－6）是在国内和组合进口商品的基础上组合的所需求的商品组合。

$$yp(r) = \sum_{i \in TRAD}[CONSHR(i,r) * pp(i,r)] + \sum_{i \in TRAD}[CONSHR(i,r) * INCPAR(i,r)] * up(r) + pop(r) \quad (4-2)$$

$$qp(i,r) = \sum_{i \in TRAD} EP(i,k,r) * pp(k,r) + EY(i,r) * [yp(r)$$

① 自价格弹性是相对于交叉价格弹性而言的，是指的对自身价格变化的弹性。$E = dlnQ/dlnP$ 中，如果 P 为自身的价格，就称作自价格弹性，如果是别的商品的价格就称作交叉价格弹性。

$$-pop(r)]+pop(r) \tag{4-3}$$

$$pp(i, s)=PMSHR(i, s)*ppm(i, s) +[1-PMSHR(i, s)]*ppd(i, s) \tag{4-4}$$

$$qpd(i, s)=qp(i, s)+\sigma_D(i)*[pp(i, s)-ppd(i, s)] \tag{4-5}$$

$$qpm(i, s)=qp(i, s)+\sigma_D(i)*[pp(i, s)-ppm(i, s)] \tag{4-6}$$

根据上文所述，CDE 效用函数的参数选择（即校准）是通过基期数据计算得出一组需求的自价格弹性和收入弹性获得的。但是有些特定类型的 CDE 函数有所例外（如 Cobb – Douglas 函数）的弹性系数就不是固定的，它随收入的份额和相对价格而变化。因此我们给出一些补充的公式，来描述这些弹性参数在迭代的非线性参数求解的过程中是如何变化的。

未补偿的需求价格弹性 $EP(i, k, r)$ 和收入弹性 $EY(i, k, r)$ 的表达式如式（4 – 7）、式（4 – 8）所示。式（4 – 9）定义了参数 a，它等于 1 减去 CDE 替代参数，式（4 – 10）、式（4 – 11）给出了消费自价格和互价格的艾伦偏替代弹性参数。可以看到，当 $\beta(i, r)=\beta\ \forall i$ 时，互价格替代弹性都等于 $1-\beta=\alpha$，也就是说这时候 CDE 函数等同于 CES 函数。而当 $\beta=1$ 的时候消费之间互相不可替代，$\beta=0$ 的时候函数为 Cobb – Douglas 函数。式（4 – 7）说明了需求的收入弹性如何用消费份额 γ 和收入扩展参数 α 来计算。最后式（4 – 8）用艾伦偏替代弹性参数和需求收入弹性计算出需求价格弹性。

$$EY(i, r)=[\sum_{m\in TRAD} CONSHR(m, r)*\gamma(m, r)]^{-1}*\gamma(m, r) *[1.0-\alpha(i, r)]+\sum_{m\in TRAD} CONSHR(m, r) *\gamma(m, r)*\alpha(m, r)+\{\alpha(i, r)-\sum_{m\in TRAD}[CONSHR(m, r) *\alpha(m, r)]\} \tag{4-7}$$

$$EP(i, k, r)=[APE(i, k, r)-EY(i, r)]*CONSHR(k, r) \tag{4-8}$$

$$\alpha(i, r)=[1-\beta(i, r)] \tag{4-9}$$

$$APE(i, k, r)=\alpha(i, r)+\alpha(k, r)-\sum_{m\in TRAD}[CONSHR(m, r)*\alpha(m, r)] \tag{4-10}$$

$$APE(i, i, r)=2.0*\alpha(i, r)-\sum_{m\in TRAD}[CONSHR(m, r) *\alpha(m, r)]-\alpha(i, r)/CONSHR(i, r) \tag{4-11}$$

4.1.2 政府部门行为

政府部门的产品需求也由 CES 函数将国产品与进口品组成综合商品，再用 C－D 效用函数决定其消费组合，政府部门效用函数如式（4－12）所示。

$$UG(r) = \prod_{i=1}^{n} (QFE(i, r))^{\tau^i} \qquad (4-12)$$

式中：$UG(r)$ ——r 地区的政府部门效用函数；

q_i——第 i 种最终商品的消费量；

τ^i——第 i 种商品的 C－D 函数支出份额。

式（4－13）和式（4－14）分别给出了政府购买的总价格指数 $pgov(r)$ 和总需求商品组合 $qg(i, r)$。式（4－15）是价格计算参数，式（4－16）和式（4－17）给出了商品组合在国产品和进口品间的分配。

$$pgov(r) = \sum_{i \in TRAD\_COMM} (VGA(i, r)/GOVEXP(r)) * pg(i, r) \qquad (4-13)$$

$$qg(i, r) = ug(r) - [pg(i, r) - pgov(r)] \qquad (4-14)$$

$$pg(i, s) = GMSHR(i, s) * pgm(i, s) + [1 - GMSHR(i, s)] * pgd(i, s) \qquad (4-15)$$

$$qgm(i, s) = qg(i, s) + \sigma_D(i) * [pg(i, s) - pgm(i, s)] \qquad (4-16)$$

$$qgd(i, s) = qg(i, s) + \sigma_D(i) * [pg(i, s) - pgd(i, s)] \qquad (4-17)$$

收入方面，政府通过各种税收获得财政收入，模型中将税收分为要素税、零售环节商品税、生产环节商品税和进出口关税，收入等于各种税收之和。

$$YG = \sum_i (WL \cdot QLD(i,r) + WK \cdot QKD(i, r)) \cdot to + \sum_i YH_h \cdot tp + \sum_i YENT \cdot tf + \sum_i QX \cdot tx + \sum_i QM \cdot tm \qquad (4-18)$$

支出方面，包括政府购买和对居民、企业及国外的转移支付及政府储蓄，方程为：

$$YG = \sum_i PA_i \cdot QG_i + TRG + GSAV$$

4.1.3 厂商行为

如图 4－3 所示，厂商生产函数为树状结构。生产函数假定为固定规模报酬且具有可分性（separability）。厂商运用原始投入与中间商品生产最终产品，其中原始投入包括土地、劳动力、自然资源与资本；中间商品为可贸易部门，因此国内厂商可以选择国内中间投入品或进口中间投入品。

第一层嵌套的生产函数假设为里昂惕夫形式，其优点在于模型中需要估计的参数较少，表达式为：

$$QF(i,\ r) = \min\left(\frac{1}{a_{(i,r)}}QVA(i,\ r);\ \frac{QFE(i,\ r)}{b_{(i,r)}};\ \cdots;\ \frac{QFE(i,\ r)}{b_{(i,r)}}\right) \quad (4-19)$$

式中：QF——第 i 个行业第 i 个产业的产品总量；

f_i——综合原始要素投入；

$QFE(i,\ r)$ ——中间投入；

a_i、b_i——相应的固定系数。

可以得到该层的 CES 生产函数最优条件下的价格和数量表达式为：

$$qva(j,\ r) + ava(j,\ r) = qo(j,\ r) - ao(j,\ r) \quad (4-20)$$

$$qf(i,\ j,\ r) + af(i,\ j,\ r) = qo(j,\ r) - ao(j,\ r) \quad (4-21)$$

树状结构的第二层左边部分描述了各种要素投入与生产间的关系，其生产函数假定为 CES 函数，表达式为：

$$QVA(i,\ r) = \alpha_{(i,r)}^{VA}\left[\delta_{(i,r)}^{VA}QLD(i,\ r)_{(i,r)}^{\rho} + (1-\delta_{(i,r)}^{VA})QKD(i,\ r)^{\rho^{VA(i,r)}}\right]^{1/\rho^{VA(i,r)}} \quad (4-22)$$

可以得到该层的 CES 生产函数最优条件下的价格和数量表达式为：

$$pav(j,\ r) = \sum_{k\in ENDW} SVA(k,\ j,\ r) * [pfe(k,\ j,\ r) - afe(k,\ j,\ r)] \quad (4-23)$$

$$qfe(i,\ j,\ r) + afe(i,\ j,\ r) = qva(j,\ r) - \sigma_{VA}(j) * [pfe(i,\ j,\ r) - afe(i,\ j,\ r) - pva(j,\ r)] \quad (4-24)$$

中间投入部分也包括两层，第一层为国产品与综合进口品的替代关系，两者通过 CES 函数组合成一个综合中间产品；第二层为由不同来源国的进口中间产品组合成为一个综合进口品，假定也是采用 CES 函数。

$$QF(i,\ r) = \alpha_{(i,r)}^{F}\left[\delta_{(i,r)}^{F}QFM(i,\ r)_{(i,r)}^{\rho} + (1-\delta_{(i,r)}^{F})QFD(i,\ r)^{\rho^{F(i,r)}}\right]^{1/\rho^{F(i,r)}} \quad (4-25)$$

可以得到该层的 CES 生产函数最优条件下的价格和数量表达式为：

$$pf(i,\ j,\ r) = FMSHR(i,\ j,\ r) * pfm(i,\ j,\ r) + [1 - FMSHR(i,\ j,\ r)] * pf(i,\ j,\ r) \quad (4-26)$$

$$qfm(i,\ j,\ s) = qf(i,\ j,\ s) - \sigma_D(i) * [pfm(i,\ j,\ s) - pf(i,\ j,\ s)] \quad (4-27)$$

$$qfd(i,\ j,\ s) = qf(i,\ j,\ s) - \sigma_D(i) * [pfd(i,\ j,\ s) - pf(i,\ j,\ s)] \quad (4-28)$$

最终商品的市场出清方程为：

$$Q(i,r) = QDS(i,r) + QST(i,r) + \sum_{s \in REG} QXS(i,r,s) \quad (4-29)$$

4.1.4 价格体系

由于政府的税收或补贴的干预，模型中有两类价格：市场价格和生产者或消费者等行为主体面对的价格。国产品与进口品可用 CES 函数组合成综合商品，该综合商品的价格即为消费者面对的综合商品需求价格。

价格链如下：

$$ps(i,r) = to(i,r) + pm(i,r) \quad (4-30)$$

$$pfe(i,j,r) = tf(i,j,r) + pm(i,r) \quad (4-31)$$

$$pfe(i,j,r) = tf(i,j,r) + pmes(i,j,r) \quad (4-32)$$

$$ppd(i,r) = tpd(i,r) + pm(i,r) \quad (4-33)$$

$$pgd(i,r) = tgd(i,r) + pm(i,r) \quad (4-34)$$

$$pfd(i,j,r) = tfd(i,j,r) + pm(i,r) \quad (4-35)$$

$$ppm(i,r) = tpm(i,r) + pim(i,r) \quad (4-36)$$

$$pgm(i,r) = tgm(i,r) + pim(i,r) \quad (4-37)$$

$$pfm(i,j,r) = tfm(i,j,r) + pim(i,r) \quad (4-38)$$

$$pms(i,r,s) = tm(i,s) + tms(i,r,s) + pcif(i,r,s) \quad (4-39)$$

$$pr(i,s) = pm(i,s) - pim(i,s) \quad (4-40)$$

4.1.5 商品市场和资本市场

商品市场设定为完全竞争，所以商品价格具有弹性，国内商品总供给等于总需求。总供给由国内商品和进口商品按 CES 函数组合而成，总需求由居民消费、政府消费、投资和中间投入组成，均衡表达式为：

$$Q_i = C_i + INT_i + IND_i + INV_i + G_i \quad (4-41)$$

资本市场全球流动，并根据资本回报率在各个国家间分配，即相当于存在一个全球的银行协调资金的流动，从而有：

$$S - I = X + R - M \quad (4-42)$$

式中：S——总储蓄；

I——总投资；

X——总出口；

M——总进口；

R——国际援助。

这表示在均衡之时储蓄与投资的差额等于经常账户盈余。

资本变化方程：期末资本 = 期初资本 + 净投资

$$KE(r) = (1 - DEP(r))KB(r) + REINV(r) \tag{4-43}$$

$$KSVES(r) = \sum_{ec} QO(ec, r) \tag{4-44}$$

$$REMTAL(r) = \prod_{ec} (ps(ec, r))^{\frac{VOA(ec,r)}{\sum(ec)VOA(ec,r)}} \tag{4-45}$$

$$QCGDS(r) = \sum_{c} QO(c, r) \tag{4-46}$$

$$PCGDS(r) = \prod_{c} (PS(c, r))^{\frac{VOA(c,r)}{REGINV(r)}} \tag{4-47}$$

$$KB(r) = \frac{KB(r)^0}{KSVCES(r)^0} KSVCES(r) \tag{4-48}$$

$$RORC(r) = \frac{RENTAL(r)}{PCGDS(r)} - DEPR(r) \tag{4-49}$$

$$RORE(r) = RORC(r)\left(\frac{KE(r)}{KB(r)}\right)^{-RORFLEX} \tag{4-50}$$

4.1.6 宏观闭合

对于一般均衡模型来说，在完成架构及理论方程式后，就要对模型作仿真与分析，即需要得到唯一且稳定的模型的解，要满足这个要求，就需要将一部分变量设定为外生变量，即有给定值，其余的变量则设为内生变量通过模型求解得出。我们将设置、设定模型内外生变量称为模型的宏观闭合。

宏观闭合对模型行为影响很大，GTAP 模型的标准闭合法则采用新古典宏观闭合（可根据需要设定），假定劳动力和资本全部出清，并且由一个虚拟的全球银行连接全球性的投资与储蓄。全球银行吸收各地区的储蓄，并根据回报率将同质的资本投资组合配置给各个地区的代表性部门，达到均衡时，全球的总投资等于全球总储蓄。

4.2 数据描述

GTAP 模型的一大核心竞争力就在于全面、系统、翔实和可靠的 GTAP 数据库，它从 1992 年发展至今已更新至第 8 版，平均两年更新一次，甚至比很多国家的投入产出表的编制周期频率还高。本书所用数据库是 GTAP 数据库第 8 版，包含 129 个国家或地区，产品部门为 57 个。贸易时间序列数据包括 1995—2009 年数据，此外还进一步完善了能源、生产和双边服务贸易数据，进一步改善了需求弹性等系数的估计，提高了模型的现实性和评估的精确度。

本书使用的第 8 版 GTAP 数据库以 2007 年的数据为基础，数据主要来源为投入产出表，另外还包括总体数据（来源于世界银行数据）、双边贸易流量（来源于 ERS/USD 数据库）、农业出口补贴（来源于 ERS/USD 数据库）、国内支持（来源于 OECD，FOI 数据）、服务贸易（来源于 IMF 的 Balance of Payments 统计数据库）、能源数据（来源于 IEA 统计数据库）、优惠关税税率和保护数据。

GTAP 数据库的产业部门划分非常细致，产品部门一共有 57 个，此外还对各国数据的平衡方法进行了修正和完善。数据库中行业的分类根据国际行业分类标准 ISIC 进行，其中农业和食品制造业的分类改为 CPC（Central Product lassification)，即主要产品分类方法。

4.2.1　基础数据库

GTAP 的基础数据库是根据各国的投入产出表和社会核算矩阵整理得出的，数据库和模型中相应的变量一致，在做仿真测算时模型通过相应的编程语句调用数据库中的数据进行计算，通过变量的维度定位所需要的数据。基础数据库主要包括三个部分：宏观经济数据、个体数据和双边贸易数据。GTAP 的基础数据库的部分变量见表 4 -1。

表 4 -1　　部分基础数据库的变量

系数名称	系数维度	系数解释
VERNUUM	1	GTAP 数据库版本
VTWR	边际产品 * 贸易产品 * 区域 * 区域	特定区域之间的运输特定贸易产品的运输总费用值（以世界价格计）
VXWD	贸易产品 * 区域 * 区域	区域之间出口的贸易总值（以世界价格计）
VIWS	贸易产品 * 区域 * 区域	区域之间进口的贸易总值（以世界价格计）
VST5	边际产品 * 区域	区域的运输产品的销售总值
EVFA	禀赋产品 * 生产产品 * 区域	企业购买的禀赋产品总价值（以企业价格计）
EVOA	禀赋产品 * 区域	禀赋产品产出总值（以生产者价格计）
SAVE	区域	区域储蓄
VDEP	区域	区域折旧

续表

系数名称	系数维度	系数解释
VDFA	贸易产品＊生产产品＊区域	区域企业国内中间投入（以企业价格计）
VDFM	贸易产品＊生产产品＊区域	区域企业国内中间投入（以市场价格计）
VDGA	贸易产品＊区域	区域政府购买国内产品（以政府价格计）
VDGM	贸易产品＊区域	区域政府购买国内产品（以市场价格计）
VDPA	贸易产品＊区域	区域私人购买国内产品（以政府价格计）
VDPM	贸易产品＊区域	区域私人购买国内产品（以市场价格计）
VFM	禀赋产品＊生产产品＊区域	区域企业禀赋投入（以市场价格计）
VIFA	贸易产品＊生产产品＊区域	区域企业进口中间投入（以企业价格计）
VIFM	贸易产品＊生产产品＊区域	区域企业进口中间投入（以市场价格计）
VIGA	贸易产品＊区域	区域政府购买进口产品（以政府价格计）
VIGM	贸易产品＊区域	区域政府购买进口产品（以市场价格计）
VIMS	贸易产品＊区域＊区域	区域之间进口的贸易总值（以市场价格计）
VIPA	贸易产品＊区域	区域私人购买进口产品（以政府价格计）
VIPM	贸易产品＊区域	区域私人购买进口产品（以市场价格计）
VKB	区域	区域初始资本存量
VXMD	贸易产品＊区域＊区域	区域之间出口的贸易总值（以市场价格价格计）
DPARSUM	区域	区域收入分配系数之和

4.2.1.1　宏观经济数据（macroeconomic data）

GTAP 数据库分别利用收入法和支出法计算各国家的国内生产总值 GDP：$Y=C+I+G+(X-M)$。利用投入产出表计算出国家或地区总 GDP，并且有收入法 GDP 等于支出法 GDP。

4.2.1.2　部门数据（sectoral data）

GTAP 数据库依据收入法和支出法分类，将销售流向依照购买用途分为五类：

总产出 = 中间投入 + 私人消费 + 投资 + 政府消费 + 出口

根据支付对象将成本支出划分为七类：

总成本 = 中间投入 + 非技术劳动力工资 + 技术劳动力工资 + 资本 + 土地 + 自然资源 + 税赋

4.2.2　参数数据库

一般均衡模型的各种参数（parameter）决定了模型假设和行为设定，这些参数对于运行结果有着非常重要的作用。GTAP 模型的参数来源于相关文献的成果和项目组专家根据基期数据的计算，并随每一版数据库的更新而更新。GTAP 数据库中将参数设置为单独的数据文件，数据库文件的形式见表 4－2。

表 4－2　　　　参数数据库变量介绍

参数名称	参数维度	解释
SUMP	贸易产品 * 区域 * 区域	CDE 效用函数替代参数
INCP	贸易产品 * 区域	CDE 效用函数替代参数
ESBT	生产产品	中间投入替代弹性（里昂惕夫结构为 0）
SLUG	禀赋产品	禀赋产品流动性（1 为非完全流动 0 为完全流动）
ETRE	禀赋产品	非完全流动禀赋产品的转换弹性
ESBD	贸易产品	国产品和进口品的替代弹性
ESBM	贸易产品	不同进口品之间的替代弹性
RDLT	1	投资分配机制参数
ESBV	生产产品 * 区域	初级要素间的替代弹性

4.2.3　部门的划分

4.2.3.1　GTAP 模型中的部门划分

GTAP V8 数据库包含 57 个种产业（部门）类别的相关资料。数据库的产业划分见表 4－3。

表 4－3　　　　GTAP V8 版数据库详细产业部门分类

编号	简写	中文	英文介绍
1	pdr	水稻	Paddy Rice
2	wht	小麦	Wheat
3	gro	谷物，粗粮	Cereal grains nec
4	v_f	蔬菜水果	Vegetables, fruits and nuts
5	osd	油料作物	Oil Seeds

续表

编号	简写	中文	英文介绍
6	c_b	糖料作物	Sugar cane and sugar beet
7	pfb	植物纤维	Plant - based fibers
8	ocr	其他作物	Cropsnec
9	ctl	牛羊马类	Cattle：cattle，sheep，goats，horses
10	oap	猪禽类	Animal products nec
11	rmk	奶	Rawmilk
12	wol	羊毛，丝	Wool，silk - worm cocoons
13	frs	森林	Forestry
14	fsh	渔业	Fishing
15	coa	煤	Coal
16	oil	石油	Oil
17	gas	天然气	Gas
18	omn	其他矿产	Minerals nec
19	cmt	肉制品	Meat：cattle，sheep，goats，horses
20	omt	其他肉制品	Meat prouctsnec
21	vol	植物油	Vegetable Oils
22	mil	奶制品	Dairy products
23	pcr	加工大米	Processed rice
24	sgr	糖	Sugar
25	ofd	食物制品饮料	Food products n. e. c.
26	b_t	烟酒类	Beverages and Tobacco products
27	tex	纺织品	Textiles
28	wap	服装	Wearing Apparel
29	lea	皮革	Leather products
30	lum	木制品	Wood products
31	ppp	造纸业	Paper Products：includes publishing，printing and reproduction of recorded media
32	p_c	石油，煤制品	Petroleum，coal products
33	crp	化工橡胶制品	Chemical，rubber and plastics products

续表

编号	简写	中文	英文介绍
34	nmm	矿产品交通设施	Mineral products nec
35	i_s	钢铁	Ferrous metals
36	nfm	非铁金属	Metals nec
37	fmp	金属制品	Metal products
38	mvh	机动车及其部件	Motor vehicles and parts
39	otn	其他运输工具	Transport equipment nec
40	ele	电子设备	Electronic equipment
41	ome	机械电子设备	Machinery and equipment nec
42	omf	制造产品	Manufactures nec
43	ely	通信	Electricity
44	gdt	天然气生产与运输	Gas manufacture, Distribution
45	wtr	水利	Water: collection, purification and distribution
46	cns	建筑	Construction
47	trd	贸易	Trade
48	otp	交通	Transport
49	wtp	水运	Water transport
50	atp	空运	Air transport
51	cmn	信息	Communication
52	ofi	金融	Financial services nec
53	isr	保险	Insurance
54	obs	商务	Business services
55	ros	娱乐	Recreation and other service
56	osg	公共服务	PubAdmin/Defence/Health/Educat
57	dwe	住房	Dwellings

4.2.3.2 本书研究方案中对部门的划分

本书根据模拟的需要，对产业（部门）进行了加总（Aggregation）和重新分组。具体对应情况见表4－4。

表4-4　　本书研究中对产业（部门）的划分

产业部门	包含的产业部门
农业	水稻、小麦、蔬菜、水果、坚果、油料作物、糖料作物
畜牧业	森林、牛羊马牲畜、奶、水产品、牛马羊肉、动植物油脂
采掘业	煤、石油、天然气、矿产及相关产品、黑色（铁类）金属、有色金属及相关产品
食品	糖、食物制品及其他相关产品、饮料及烟草制品、动物制品及其他相关产品、肉制品及其他相品、奶制品、加工大米
纺织	植物纤维、毛及丝制品、纺织品、服装、皮革制品
轻工业	木材加工及化工制品木制品、纸制品、皮革制品动车及零配件、交通运输设备及其他相关产品
重工业	机电产品电子设备、机械设备及其他相关产品、金属制品、石化及煤制品、有色金属制造产品、矿产制品及其他相关产品、制造业其他产品
公共服	水、电力、天然气制造及零售
运输业	交通及其他相关服务、海运、空运
其他服务业	贸易、通信、金融及其他相关服务、保险、商务服务及其他相关服务、娱乐及相关服务、政府/法院/医疗/教育、民居、建筑

4.3　研究方案的设计：关于模型闭合

标准CGE模型的模型框架是按照新古典宏观闭合来进行设计的，假设要素价格有弹性，所有要素（包括劳动和资本）出清即充分就业。然而，这种假设前提与我国当前国情并不太适应，主要有如下两点原因。

4.3.1　劳动力要素可能非出清

对于熟练劳动力来说①，随着高等教育的发展也产生了日益严重的大学毕业生的就业难问题。从公布的高校毕业生失业率来看，由1985年的1.57%上升到2012年的2.733%，一直保持增长态势，且近几年增长速度较快，2011年为2.515%，相较2010年上升了0.08个百分点，而2012年

① 熟练劳动力和非熟练劳动力在实际当中显然并非可直接根据是否接受高等教育作为分界线，但具体的概念界定及划分甚为复杂，根据以往文献惯例，这里简单将劳动力是否接受高等教育作为熟练劳动力和非熟练劳动力的区分。

为2.733%，相较2011年上升了0.22个百分点（如图4－4所示）。

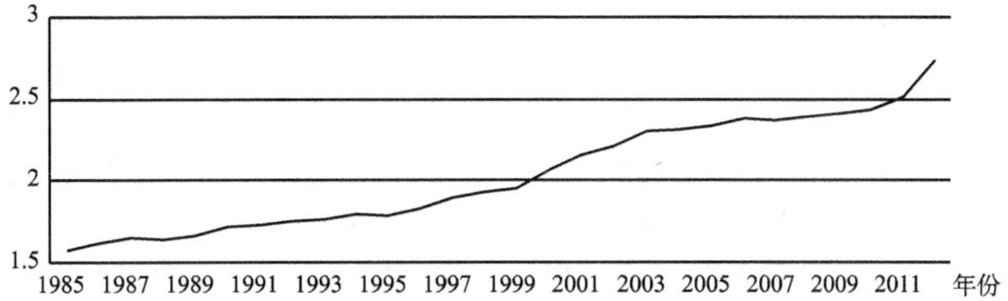

图4－4　1998—2011年我国大学生失业率

数据来源：教育部统计数据。

对于非熟练劳动力来说，由于当前我国仍然存在着二元经济现象，刘易斯拐点尚未完全到来，还存在大量的剩余劳动力，因此要素并非完全出清①。根据经济发展和产业结构调整的规律，随着经济发展，第一产业从业人员会呈负增长的状态。目前农村明显存在剩余劳动力，剩余规模在3000万～4000万人，尽管近年来不断出现“用工荒”等现象，农村剩余劳动力可能并非无限供给，但我国乡村劳动力的“总量过剩，结构短缺”的现象仍将长期存在，且有可能更加严重②；并且我国还存在“知识失业”的问题。因此，我国的劳动要素描述为过剩或非出清似乎更为妥当。

4.3.2　资本要素可能非出清且持续变化

我国长期存在储蓄率过高的问题，也就是说，我国的储蓄大于投资，而非宏观经济学中的基本设定——储蓄等于投资。上述矛盾的根源在于我国经济中投资和储蓄的概念并不相等，投资相等的储蓄概念实际上包含了未实现的投资和消费。因此，有学者指出，从根本上解决中国需求不足，就要调整经济结构，使消费品生产、资本品生产与我国较高的储蓄率相匹配，按比例发展。而高储蓄率的存在，一个主要原因就在于资本并非市场出清。

此外，由于我国政府采取“相机抉择”的财政和货币政策，政府决策

① 关于刘易斯拐点是否已经到来和农村剩余劳动力的存量学界仍存在较大分歧，众多学者和机构对该数据进行了研究和估算，但差距较大，如国家统计局估算为1.7亿人、蔡昉估算为0.4亿人等，但普遍认为当前仍存在相当数量的农村剩余劳动力。

② 在最近的研究中，张同升博士用多种计量方法，对中国农村剩余劳动力的数量与结构进行比较分析，测算出我国2009年农村剩余劳动力数量在1亿人左右，指出我国乡村劳动力总量过剩与结构短缺的矛盾更加严重，见《中国市场》2011年第50期。

对投资的影响巨大，因此资本要素利用率波动很大，时松时紧，常徘徊于均衡和过剩之间。如，受国际金融危机影响，中国经济出现一定程度的萧条，资本大量闲置，2008 年资本形成总额贡献率相对较低，为 46.98%，而 2009 年中央出台 4 万亿元投资计划，当年资本形成总额贡献率迅速拉升至 87.58% 的高位，随后又迅速回落到近年的不足 50%。2013 年经济运行呈现稳中有升、稳中向好的发展态势，全年经济增速达 7.7%，但中国经济回升基础并不稳固，结构性矛盾依然突出，风险因素较多，仍存在着严重的产能过剩，结构调整缓慢。根据国务院发展研究中心对 3545 家企业所在行业产能过剩情况的调查，71% 的企业认为目前产能过剩“非常严重”或“比较严重”。表 4－5 给出了我国资本形成总额及其贡献率，从图 4－5 中可以看到，我国资本形成的贡献率的波动非常剧烈，而且转换相当迅速。可以预见，在当前和今后相当长的一段时间内，伴随着中国宏观经济调控的导向，资本要素的使用波动也将很大。

因此，对于我国的资本要素来说，很难说是处于萧条还是出清状况，更多的时候是在过剩和均衡之间迅速转换。

表 4－5　　　　我国资本形成总额及其贡献率①

年份	国内生产总值（现价）（亿元）	资本形成总额（现价）（亿元）	资本形成总额贡献率（%）
1993	35333.92471	15717.7	78.6
1994	48197.85644	20341.1	43.8
1995	60793.72921	25470.1	55
1996	71176.59165	28784.9	34.3
1997	78973.035	29968	18.6
1998	84402.27977	31314.2	26.4
1999	89677.05475	32951.5	24.7
2000	99214.55431	34842.8	22.4
2001	109655.1706	39769.4	49.86
2002	120332.6893	45565	48.51

① 贡献率指三大需求（最终消费支出、资本形成总额、货物和服务净出口增量）分别与支出法国内生产总值增量之比。

续表

年份	国内生产总值（现价）（亿元）	资本形成总额（现价）（亿元）	资本形成总额贡献率（%）
2003	135822.7562	55963	63.3
2004	159878.3379	69168.41129	53.98
2005	184937.369	77856.82374	38.78
2006	216314.4259	92954.07895	43.61
2007	265810.3058	110943.2451	42.41
2008	314045.4258	138325.304	46.98
2009	340902.8126	164463.2238	87.58
2010	401512.7952	193603.9111	52.91
2011	473104.0486	228344.2787	47.7
2012	519470	252773.2373	47.12
2013	596962.86	282072.95	55.3
2014	647181.68	302717.5	46.9
2015	699109.44	312835.72	41.6
2016	745632.4	329137.6	43.1

数据来源：中经网数据库。

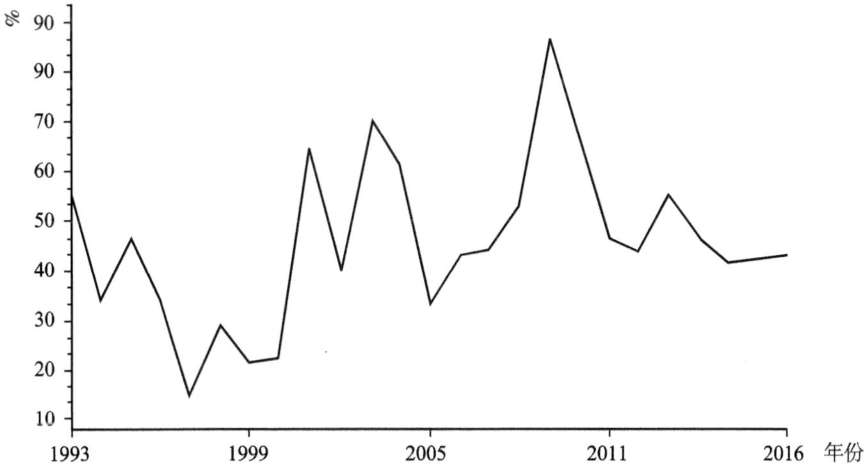

图4－5　资本形成总额贡献率

综上所述，我国的劳动要素和资本要素都存在着不出清的现象。由于标准 CGE 模型在新古典主义闭合的框架下假设劳动力和资本都是完全就业，在这种设定下税制改革仅仅影响要素在各经济主体内部（居民、企业和政府）的分配，因此，不足以刻画税制改革对要素流动、资源配置和行业产出等各个方面的影响，且模拟结果对经济总产出和就业的影响也较小，甚至没有。鉴于此，我们设计三种宏观闭合情景来对税制改革方案进行模拟，评估在不同的情景中税制改革对宏观经济及就业、价格等经济变量的影响。

情景一：采用标准 CGE 模型中的新古典宏观闭合。

假设劳动力和资本全部出清，模拟该假设情景下税制改革方案对产出、价格、就业等宏观经济变量的影响。

情景二：采用劳动力要素非出清的宏观闭合。

根据我国大学生就业难，二元经济仍将长期存在，依然存在较多的剩余劳动力的现实情况，假设劳动力非出清。模拟该假设情景下税制改革方案对产出、价格、就业等宏观经济变量的影响。

情景三：采用劳动力和资本要素都非出清的凯恩斯主义宏观闭合。

根据我国储蓄率长期高于投资率，且投资的波动很大，资本要素长期处于过剩和均衡之间变动的现实情况，假设劳动力和资本都非出清。模拟该假设情景下税制改革方案对产出、价格、就业等宏观经济变量的影响。

模型公式如下：

$$VOM(i,r) * qo(i, r) = VDM(i, r) * qds(i, r) + VST(i, r) * qst(i, r) + \sum_{s \in REG} VXMD(i, r, s) * qxs(i, r, s) + VOM(i, r) * traslack(i, r) \quad (4-51)$$

$$VIM(i, r) * qim(i, r) = \sum_{j \in PROD} VIFM(i, j, r) * qfm(i, j, r) + VIPM(i, r) * qpm(i, r) + VIGM(i, r) * qgm(i, r) \quad (4-52)$$

$$VDM(i, r) * qds(i, r) = \sum VDFM(i, j, r) * qfd(i, j, r) + VDPM(i, r) * qpd(i, r) + VDGM(i, r) * qgd(i, r) \quad (4-53)$$

$$VOM(i, r) * qo(i, r) = \sum_{j \in PROD} VFM(i, j, r) * qfe(i, j, r) + VOM(i, r) * endwslack(i, r) \quad (4-54)$$

$$qoes(i, j, r) = qfe(i, j, r) \tag{4-55}$$

$$VOA(j, r) * ps(j, r) = \sum_{i \in ENDW} VFA(i, j, r) * pfe(i, j, r) + \sum_{i \in TRAD} VFA(i, j, r) * pf(i, j, r) + VOA(j, r) * profitslack(j, r) \tag{4-56}$$

$$VT * pt = \sum_{i \in TRAD\_COMM} \sum_{r \in REG} VST(i, r) * pm(i, r) \tag{4-57}$$

$$PRIVEXP(r) * yp(r) = \tag{4-58}$$

$$INCOME(r) * y(r) = \sum_{i \in ENDW} VOA(i, r)[ps(i, r) + qo(i, r)] - VDEP(r) * [pcgds(r) + kb(r)] + \sum_{i \in NSAV} VOM(i, r) * [pm(i, r) + qo(i, r)] - VOA(i, r) * [ps(i, r) + qo(i, r)] + \sum_{i \in ENDWM} \sum_{h \in PROD} VFA(i, j, r) * [pfe(i, j, r) + qfe(i, j, r)] - VFM(i, j, r) * [pm(i, r) + qfe(i, j, r)] + \sum_{j \in ENDWS} \sum_{i \in PROD} VFA(i, j, r) * [pfe(i, j, r) + qfe(i, j, r)] - VFM(i, j, r) * [pmes(i, j, r) + qfe(i, j, r)] + \sum_{i \in PROD} \sum_{i \in TRAD} VIFA(i, j, r) * [pfm(i, j, r) + qfm(i, j, r)] - VIFM(i, j, r) * [pim(i, r) + qfm(i, j, r)] + \sum_{j \in PROD} \sum_{i \in TRAD} VDFA(i, j, r) * [pfd(i, j, r) + qfd(i, j, r)] - VDFM(i, j, r) * [pm(i, r) + qfd(i, j, r)] + \sum_{i \in TRAD} VIPA(i, r) * [ppm(i, r) + qpm(i, r)] - VIPM(i, r) * [pim(i, r) + qpm(i, r)] + \sum_{i \in TRAD} VDPA(i, r) * [ppd(i, r) + qpd(i, r)] - VDPM(i, r) * [pm(i, r) + qpd(i, r)] + \sum_{i \in TRAD} VIGA(i, r) * [pgm(i, r) + qgm(i, r)] - VIGM(i, r) * [pim(i, r) + qgm(i, r)] + \sum_{i \in TRAD} VDGA(i, r) * [pgd(i, r) + qgd(i, r)] - VDGM(i, r) * [pm(i, r) + qgd(i, r)] + \sum_{i \in TRAD} \sum_{s \in RED} VXWD(i, r, s) * [pfob(i, r, s) + qxs(i, r, s)] - VXMD(i, r, s) * [pm(i, r) + qxs(i, r, s)] + \sum_{i \in TRAD} \sum_{s \in REG} VIMS(i, s, r) * [pms(i, s, r) + qxs(i, s, r)] - VIWS(i, s, r) * [pcif(i, s, r) + qxs(i, s, r)] + INCOME(r) * incomeslack(r) \tag{4-59}$$

$$ke(r) = INVKERATIO(r) * qcgds(r) + [1.0 - INVKERATIO(r)] * kb(r)3 \forall r \varepsilon TEG4 \tag{4-60}$$

$$globalcgds = \sum_{r \in REG} [REGINV(r)/GLOBINV] * qcgds(r) - [VDEP(r)/GLOBINV(r)] * kb(r)5 \quad (4-61)$$

$$walras\_sup = globalcgds6 \quad (4-62)$$

$$GLOBINV * walras\_dem = \sum_{r \in REG} SAVE(r) * qsave(r) \quad (4-63)$$

$$walras\_sup = walras\_dem + walraslack \quad (4-64)$$

$$ps(i, r) = to(i, r) + pm(i, r) \quad (4-65)$$

$$pfe(i, j, r) = tf(i, j, r) + pm(i, r) \quad (4-66)$$

$$pfe(i, j, r) + tf(i, j, r) + pmes(i, j, r) \quad (4-67)$$

$$ppd(i, r) = tpd(i, r) + pm(i, r) \quad (4-68)$$

$$pgd(i, r) = tgd(i, r) + pm(i, r) \quad (4-69)$$

$$pfd(i, j, r) = tfd(i, j, r) + pm(i, r) \quad (4-70)$$

$$ppm(i, r) = tpm(i, r) + pim(i, r) \quad (4-71)$$

$$pgm(i, r) = tgm(i, r) + pim(i, r) \quad (4-72)$$

$$pfm(i, j, r) = tfm(i, j, r) + pim(i, r) \quad (4-73)$$

$$pms(i, r, s) = tm(i, s) + tms(i, r, s) + pcif(i, r, s) \quad (4-74)$$

$$pr(i, s) = pm(i, s) - pim(i, s) \quad (4-75)$$

$$pcif(i, r, s) = FOBSHR(i, r, s) * pfob(i, r, s) + TRNSHR(i, r, s) * pt \quad (4-76)$$

$$pfob(i, r, s) = pm(i, r) - tx(i, r) - txs(i, r, s) \quad (4-77)$$

$$pim(i, s) = \sum_{k \in RDG} MSHRS(i, k, s) * pms(i, k, s) \quad (4-78)$$

$$qxs(i, r, s) = qim(i, s) - \sigma_M(i) * [pms(i, r, s) - pim(i, s)] \quad (4-79)$$

$$pf(i, j, r) = FMSHR(i, j, r) * pfm(i, j, r) + [1 - FMSHR(i, j, r)] * pf(i, j, r) \quad (4-80)$$

$$qfm(i, j, s) = qf(i, j, s) - \sigma_D(i) * [pfm(i, j, s) - pf(i, j, s)] \quad (4-81)$$

$$qfd(i, j, s) = qf(i, j, s) - \sigma_D(i) * [pfd(i, j, s) - pf(i, j, s)] \quad (4-82)$$

$$pva(j, r) = \sum_{k \in ENDW} SVA(k, j, r) * [pfe(k, j, r) - afe(k, j, r)] \quad (4-83)$$

$$qfe(i, j, r) + afe(i, j, r) = qva(j, r) - \sigma_{VA}(j) * [pfe(i, j, r) - afe(i, j, r) - pva(j, r)] \tag{4-84}$$

$$qva(j, r) + ava(j, r) = qo(j, r) - ao(j, r) \tag{4-85}$$

$$qf(i, j, r) + af(i, j, r) = qo(j, r) - ao(j, r) \tag{4-86}$$

$$INCOME(r) * u(r) = PRIVEXP(r) * up(r) \tag{4-87}$$

$$GOVEXP(r) * [ug(r) - pop(r)] + SAVE(r) * [qsave(r) - pop(r)] \tag{4-88}$$

$$qsave(r) = y(r) - psave + saveslack(r) \tag{4-89}$$

$$ug(r) = y(r) - pgov(r) + govslack[r] \tag{4-90}$$

$$pgov(r) = \sum_{i \in TRAD\_COMM} (VGA(i, r)/GOVEXP(r)) * pg(i, r) \tag{4-91}$$

$$qg(i, r) = ug(r) - [pg(i, r) - pgov(r)] \tag{4-92}$$

$$pg(i, s) = GMSHR(i, s) * pgm(i, s) + [1 - GMSHR(i, s)] * pgd(i, s) \tag{4-93}$$

$$qgm(i, s) = qg(i, s) + \sigma_D(i) * [pg(i, s) - pgm(i, s)] \tag{4-94}$$

$$qgd(i, s) = qg(i, s) + \sigma_D(i) * [pg(i, s) - pgd(i, s)] \tag{4-95}$$

$$yp(r) = \sum_{i \in TRAD} [CONSHR(i, r) * pp(i, r)] + \sum_{i \in TRAD} [CONSHR(i, r) * INCPAR(i, r)] * up(r) + pop(r) \tag{4-96}$$

$$qp(i, r) = \sum_{i \in TRAD} EP(i, k, r) * pp(k, r) + EY(i, r) * [yp(r) - pop(r)] + pop(r) \tag{4-97}$$

$$pp(i, s) = PMSHR(i, s) * ppm(i, s) + [1 - PMSHR(i, s)] * ppd(i, s) \tag{4-98}$$

$$qpd(i, s) = qp(i, s) + \sigma_D(i) * [pp(i, s) - ppd(i, s)] \tag{4-99}$$

$$qpm(i, s) = qp(i, s) + \sigma_D(i) * [pp(i, s) - ppm(i, s)] \tag{4-100}$$

$$pm(i, r) = \sum_{k \in PROD\_COMM} RECSHR(i, k, r) * pmes(i, k, r) \tag{4-101}$$

$$qoes(i, j, r) = qo(i, r) - endwslack(i, r) + \sigma_T(i) * [pm(i, r) - pmes(i, j, r)] \tag{4-102}$$

第5章　税收超额负担视角下的税收制度改革

税收制度的改革涉及方方面面，是一个内容和层次都很丰富的体系；对于税制改革的研究也相当丰富，然而大部分关于税制改革的分析和设计都偏重于定性研究和经验分析。从数量分析的角度，定量得出税制改革的设计导向的研究鲜少有见。这其中的一个原因在于能够具体指导税制改革政策方案的、可获得的、国际可比的数据指标较难计算和获得。本书从税收超额负担的角度对我国税收制度的效率进行评价，利用可计算一般均衡模型进行了测算和国际比较，并在此基础上对直接税和间接税的超额负担、生产环节和消费环节的超额负担分别进行了测算，以期对当前我国税制存在的两个突出问题：税制结构和地方税问题给出具体的改革政策指向。

5.1　税收制度的评价标准与税收超额负担

一般对税收制度和税制改革的研究主要考虑经济效率、公平性和可变性三个方面。而这其中的效率因素即税收效率的高低是备受关注的一点，它是评价一项税收制度优劣的重要标准。刘玉龙（2002）对于最优税给出了一个比较直观的解释：怎么样在获得足够的政府税收的同时，只付出最小的成本。而对于成本又可进一步分为间接成本和直接成本，直接成本主要包括征管的成本，间接成本就是一般所谓的税收超额负担（dead weight）。[①] 由此可见，税收超额负担能衡量税收对经济的扭曲程度，因此是极其重要的一项标准。

① 刘玉龙．最优课税问题研究——劳动价值论的观点［D］．厦门：厦门大学博士论文，2002.

5.1.1 税收效率与税收超额负担

经济学研究中的一个最基本的问题就是效率问题，即如何充分地利用资源，一般来说，就是在存在预算约束的前提下如何合理配置资源，获得最大收益。而资源配置的衡量，通常采用新福利经济学派的代表人物——意大利经济学家帕累托（Pareto，1906）提出的“帕累托标准”。[①]

即社会作为一个整体，应是当宏观上的“得”大于宏观上的“失”的时候，经济活动是有效率的。现实经济中，资源的配置存在两个主体——市场和政府。市场配置是指以生产者和消费者为主体，通过价格机制自发地调节生产和消费、平衡供给和需求，是一种微观层次的资源配置；而政府配置则以政府为主体，通过税收、政府支出、公债、货币等经济手段和计划、行政、法律等手段对全社会的资源直接地或间接地配置，是一种宏观层次的资源配置。

帕累托最优的前提假设是市场完全竞争。当市场处于完全竞争状态时，生产者和消费者可以通过市场机制和价格机制达到帕累托最优状态。这种情况下，生产者面临着具有完全弹性的需求曲线和具有完全弹性的供给曲线，也就是说生产者面临着给定的投入物品市场价格和产出物品的市场价格。

①对于生产者来说，利润最大化条件是产品价格（边际收益）等于生产的边际成本，对于生产要素所有者来说，条件是要素的价格等于再生产这些要素的边际成本。这就意味着，任意两种产出之间或一种产出与一种要素之间的边际转换率对所有的生产者都相同,[②] 同时任意两种生产要素的边际替代率对于所有的生产者也相同[③]，这时才能满足生产的最优条件。

②对于消费者来说，当他的预算约束下的支出能够使其福利最大化，他就达到了最优的状况；这时完全竞争意味着任意两件物品的边际替代率对所有的消费者都相同，即所有消费者都处于最优交换条件，此即交换的最优条件。

③对于生产者和消费者之间的活动来说，当任何两件物品的生产边际

---

① 宋涛．政治经济学教程［M］．北京：中国人民大学出版社，2008.

② 边际转换是指为增加一种物品的生产数量而必须减少的另一种物品的数量；一种物品对于另一物品的边际转换率等于两者的边际成本之比。

③ 从生产者的角度来说，边际替代相当于在等产量线上为增加（减少）一种要素所需减少（增加）另一种要素的数量：从最终商品消费者的角度看，边际替代相当于等效用线上为增加（减少）某一物品的数量所需减少（增加）另一种物品的数量。同一种物品对另一种物品的边际替代率等于两种物品在完全竞争市场中的价格之比。

转换率等于其消费的边际替代率时，即任何两件物品的边际成本之比等于完全竞争市场中相应的价格之比时，就满足了生产和交换的最优条件。

当上述三个条件同时满足时，所有的行为主体都不能在不损害他人福利的前提下提高自身的福利，也即达到了资源的最优配置。以上任意一个条件没有满足时，都不能达到资源的最优配置，也就意味着效率损失和经济的低效。

可以看到，这些条件很难全部得到满足，现实生活中存在的大量市场失灵，更是使得上述帕累托最优效率的条件无法满足，也就是说仅仅通过市场无法达到资源的有效配置。因此，为了解决这一问题，政府有必要通过各种财政收支手段，通过对资源的重新调配来提高资源的配置效率。这种重新调配存在两种前提，从而也会产生两种结果：如果市场配置已经达到资源的最优配置，政府的任何调控都将干扰经济的正常运行，导致经济的低效或无效；只有当市场失灵、资源配置无效时，政府对资源的重新配置有可能起到有效的调配作用，从而提高经济的效率。当然，采取何种政策、制度，这种政策、制度所带来的成本和收益孰高孰低，对于政府优化资源配置效率目标的实现具有很大作用。

税收政策是政府进行资源配置的重要手段，其成本和收益的高低、是否能起到有效的合理调配资源的作用都需要衡量。税收的实质是政府把社会资源从纳税人向政府部门转移的过程，这个过程可能会促进资源的有效配置从而使社会得到利益，也可能会造成一定的扭曲和付出相应的代价。因此需要对这种税收成本和税收收益进行深入研究，衡量是否收益大于成本，归根结底也就是对税收效率进行研究。

税收的效率是指为取得政府的政策目标而付出的全部经济代价，通常通过税收所获得的全部社会收益和税收的成本的比率进行计算。一般来说税收效率又可以细分为经济效率和行政效率（如图 5－1 所示）。

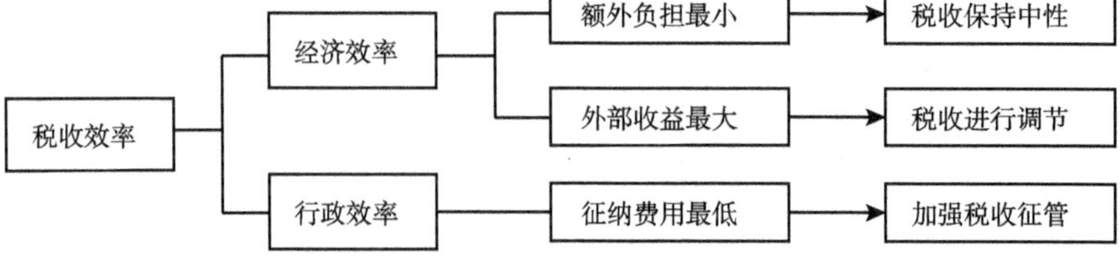

图 5－1　税收效率的关系

税收的行政效率是一种直接的成本效率，指为取得一定的税收收入而付出的经济代价，一般通过对征税成本和课征到的税收收入的比较进行判断和衡量。

除了这种直接的、可见的成本外，还存在一种隐性的成本，即课征税收对广大纳税人的生产、消费行为产生的扭曲和影响，进而对宏观经济的均衡和稳定产生作用。可见，税收的这种隐性的经济损失会对经济产生更大更深远的影响，需要对此进行深入分析。

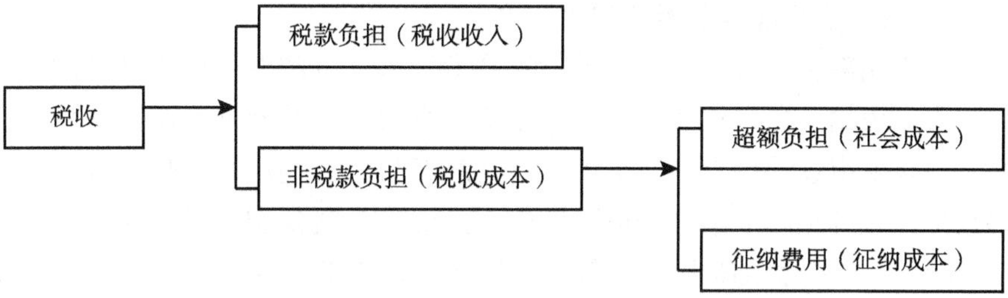

图5－2　政府课税带来的负担

税收的经济成本可分为两个部分：纳税人所付出的奉行成本①和通常所说的税收超额负担（如图5－2所示）。奉行成本的计算比较简便，除了其中的心理损失难以计量，其他的费用都可通过纳税人的成本账户记载来获得。税收的超额负担可细分为资源配置的超额负担和经济运行机制的超额负担。对于资源配置来说，政府征税减少了私人部门的收入，增加了政府部门的收入，如果这种经济资源的转移使得社会效益的增加小于私人经济利益损失，那么就会产生社会总体福利的损失，也就产生了资源配置方面的超额负担。一方面，对于经济运行机制来说，课征税收通常会影响纳税人的行为，如果这种影响是负面的，扭曲了市场经济的运行，干扰了私营部门消费或生产的最佳决策，那么就是产生了经济运行机制方面的超额负担。这些超额负担很难直接从纳税人的账户中体现，但毋庸置疑是客观存在的。超额负担的存在说明税收政策对纳税人的影响，除了税款本身和奉行成本之外，由于行为的扭曲和资源的错配还存在一笔额外的费用和代价。

① 奉行成本是纳税人为纳税而发生的各类费用，如保持簿记资料的费用，申报、缴纳税款的费用，聘用会计师、税务顾问的费用，以及税务人员的稽查给纳税人所带来的心理影响，等等。

另一方面，税收并不一定只会导致经济损失和成本的增加，也可能对经济过程产生积极影响。如果税收能够促进资源配置从低效率转向有效率，或者矫正不良的消费行为以及外部不经济的生产行为，这种情况下，税收就能产生正向的收益，提高社会的总体福利，也就是说产生了税收的超额收益。

和行政效率类似，税收政策或一段时期内的全部税收活动所带来的经济收益和所产生的经济成本的比率越大，则税收的经济效率越高；反之，则经济效率越低。

5.1.2 税收超额负担的定义

税收超额负担就是纳税人承担的除了税款本身和奉行成本之外的额外的损失。根据西方经济学理论，在完全竞争的假设前提下，商品的价格和产量完全由市场的供求平衡来决定，生产者为达到利润最大化而调整生产的数量，直到边际成本等于边际价格；消费者为达到利益最大化而调整消费购买的数量，直到边际效用等于边际价格。因此，在市场这个“看不见的手”的作用下，通过价格机制的调配，社会获得了最大化的利益，从而实现了资源的有效配置和使用。然而，政府征税相当于在生产者价格和消费者价格之间打入了所谓的“税收楔子”，造成价格的扭曲。这样就产生了生产者和购买者价格的不一致，从而价格不能完全真实地反映边际成本和利益的均衡，价格的资源调节配置作用受到限制，即产生效率的损失，而这种损失是存在于税款负担之外的，因此称其为税收超额负担。

这样的定义较为模糊，不易理解，下面我们用马歇尔基数效用理论（cardinal utility approach）利用图形进行分析。假定市场完全竞争，在图5-3中，某商品的初始均衡价格为P_0，初始均衡供求量为X_0。此时满足边际成本等于边际价格等于边际效用的最优条件，商品的市场供给和需求相等，因而达到了资源的最有效利用水平。当政府对该商品征税后，假定税收负担由生产者和消费者共同分担，则相当于这种商品的生产者价格下降为P_P，而消费者价格上升为P_C。假定此时商品的从价税税率为t，则得到消费者价格和生产者价格关系如下：

$$P_C = (1+t)P_P$$

从图5-3中可以看到，征税使得供求的均衡点由初始的E点向左上方移动到了E'点，消费者剩余减少了$P_CE'EP_0$所围成的梯形面积，生产者剩余减少了P_0EKP_P所围成的面积。其中，从私人部门向政府所转移的税

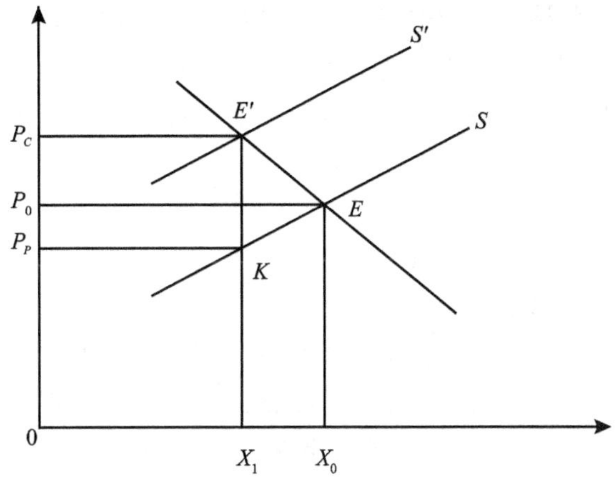

图5－3　税收超额负担的理论分析

款收入为 $P_PKE'P_C$ 所围成的长方形面积。这也就意味着消费者和厂商的损失除了 $P_PKE'P_C$ 所代表的的税款收入之外还有一部分损失：KEK'。我们知道消费者和厂商付出的税款本身仅仅是转移给了政府，将社会作为一个整体来看的话并没有损失，但对于 KEE' 这个三角形面积所代表的的损失来说，消费者、厂商和政府都没有得到，也就是说对于社会整体来说，存在着损失。KEE' 所代表的的这一部分损失就是由于政府征税所带来的无谓的效率损失，即所谓的税收超额负担或者称之为超额负担（deadweight）。

这个概念就是哈伯格在1964年所提出的著名的税收超额负担的“哈伯格三角”，他还推出了这部分损失的计算公式，如图5－3所示，即 KEE' 这个三角形的面积，也就是1/2乘以底乘以高。从而可以得到税收超额负担 EB 的公式为：

$$EB=\frac{1}{2}(X_0-X_1)\cdot P_P\cdot t \tag{5-1}$$

事实上，在此之前侯特林（Hotelling，1938）和杜彪特（Dupuit，1844）就已提出了这种计算方法。其中杜彪特曾指出：当一种税的课征引起的消费方面的变动为已知时，就有可能用该种税的一半乘以消费的变动来求得效用损失数额的上限。①

一般来说，税收对经济的影响可分为收入效应和替代效应，我们所说

① Dupuit（1844）的原文翻译后重印于K. Arrow和T. Scitovsky于1969年主编的AEA Readings in Welfare Economics。

的课税所带来的价格的扭曲造成经济主体的行为扭曲就是替代效应。接下来我们从替代效应的角度进行超额负担公式的推导。

首先，税收的替代效应可表征为税收对相对价格的扭曲程度：

$$\xi = \frac{P_0 - P_1}{P_0} \times 100\% \tag{5-2}$$

式中：P_0——税前市场价格；

P_1——税后市场价格。

由于税前、税后的市场价格难以得到，因此我们引入可获得的生产者价格和消费者价格进行替换。由于征税造成了生产者价格和消费者价格偏离了市场价格，这个价格偏离也是由于税收造成的，因此上述公式可表示为：

$$\xi = \frac{P_C - P_P}{P_P} \times 100\% \tag{5-3}$$

而需求的价格弹性为：

$$\varepsilon = (\mathrm{d}X/X_0)/(\mathrm{d}P/P_P) = \frac{(X_0 - X_1)/X_0}{(P_C - P_P)/P_P} \tag{5-4}$$

将式（5-4）代入式（5-3）可得：

$$X_0 - X_1 = \varepsilon \cdot \xi \cdot X_0 \tag{5-5}$$

再将式（5-5）代入式（5-1）可得：

$$EB = \frac{1}{2}\varepsilon \cdot \xi \cdot X_0 \cdot P_P \cdot t \tag{5-6}$$

由于有

$$t = (P_C - P_P)/P_P = \xi \tag{5-7}$$

故式（5-6）可改写为：

$$EB = \frac{1}{2}\xi^2 \cdot \varepsilon \cdot X_0 \cdot P_P \tag{5-8}$$

式（5-8）表示税收造成的税收超额负担与价格扭曲程度的平方以及需求的价格弹性成正比。也就是税收的替代效应和需求的价格弹性越大，超额负担就越大，而且替代弹性所造成的影响幅度相对更大。

5.1.3 税收负担与税收超额负担

税收超额负担上文已经解释过，是一个效率的概念，指的是税收给社会所带来的额外的负担；而税收负担（简称“税负”）则是指纳税人向政府缴纳税款所承担的经济损失，包括宏观税负和微观税负，现在通常所说的税收负担一般是指宏观税负。

随着近年来我国政府财政规模不断扩大，税收收入连续20余年增长率超过20%，2011年财政规模水平已超10万亿元，仅次于美国，位列全球第二。在此背景下，许多学者对税收负担进行了大量研究，希望能通过进行中国税收负担的研究以及国际比较来对税收规模和税收制度给出合理的政策建议。然而，这些研究对宏观税收负担的判断分歧较大：朱青(2007)、彭高旺（2006）等认为，中国宏观税收负担低于大多数发达国家，在世界范围仍处于偏低水平；而安体富（2009）、李波（2007）等指出我国财政收入和税收收入占GDP的比重已超过发展中国家的平均水平，认为中国宏观税收负担较高。

为什么能测算出具体数据的税收负担会引起那么多的争议？主要原因在于税收负担的内涵相当丰富，除一般意义上的宏观税收负担本身之外，还要综合考虑财政资金用途、支出效率以及税收效率等问题。同时，由于我国的特殊国情，税收收入、财政收入和政府收入的规模相差较大，因此税收宏观负担的衡量通常可分为三个口径。图5-4给出了我国三个口径宏观税负的变化情况，可见我国的三个口径的宏观税负水平相差较大，这也对国际比较造成一定的困难。正是由于衡量税收负担的指标有多种，不同研究者分析的角度不同，因此对该问题仍存在较大争议。

表5-1　　1993—2012年我国三个口径宏观税负变动情况①　　单位：亿元

年份	国内生产总值	税收收入	全口径财政收入	制度外收入	宏观税收负担		
					小口径	中口径	大口径
1993	35333.92	4255.3	5781.49	3800.59	12.04%	16.36%	27.12%
1994	48197.86	5126.88	7080.63	5865.46	10.64%	14.69%	26.86%
1995	60793.73	6038.04	8648.7	6546.89	9.93%	14.23%	25.00%
1996	71176.59	6909.82	11301.33	7248.52	9.71%	15.88%	26.06%
1997	78973.03	8234.04	11477.14	9770.24	10.43%	14.53%	26.90%
1998	84402.28	9262.8	12958.24	11149.24	10.97%	15.35%	28.56%

① 计算方法为：全口径财政收入=税收收入+预算外资金收入；小口径宏观税负=税收收入/GDP；中口径宏观税负=国家财政决算收入/GDP；大口径宏观税负=(国家财政决算收入+制度外收入)/GDP。

续表

年份	国内生产总值	税收收入	全口径财政收入	制度外收入	宏观税收负担		
					小口径	中口径	大口径
1999	89677.05	10682.58	14829.25	11522.7	11.91%	16.54%	29.39%
2000	99214.55	12581.51	17221.66	11523.71	12.68%	17.36%	28.97%
2001	109655.2	15301.38	20686.04	12921.47	13.95%	18.86%	30.65%
2002	120332.7	17636.45	23382.64	14342.56	14.66%	19.43%	31.35%
2003	135822.8	20017.31	26282.05	16401.75	14.74%	19.35%	31.43%
2004	159878.3	24165.68	31095.65	20411.25	15.12%	19.45%	32.22%
2005	184937.4	28778.54	37193.45	18775.24	15.56%	20.11%	30.26%
2006	216314.4	34804.35	45168.08	22062.09	16.09%	20.88%	31.08%
2007	265810.3	45621.97	58142.1	23029.02	17.16%	21.87%	30.54%
2008	314045.4	54223.79	67947.6	23955.9	17.27%	21.64%	29.26%
2009	340902.8	59521.59	74932.95	36471.87	17.46%	21.98%	32.68%
2010	401512.8	73210.79	88895.93	48857.8	18.23%	22.14%	34.31%
2011	473104	89738.39	103874.43	—	18.97%	21.96%	—
2012	519470	100614.3	117253.52	—	19.37%	22.57%	—
2013	595244	110530.7	129209.64	—	18.57%	21.71%	—
2014	643974	119175.31	140370.03	—	18.51%	21.79%	—
2015	689052	124922.20	152269.23	—	18.13%	22.09%	—

资料来源：制度外收入1987—2006年数据来源于刘涵（2008），2007—2010年数据来源于田卫民（2013），其他数据来源于中经网数据库。

现有的文献详尽讨论了税收宏观负担和支出效率等问题，但对衡量税收效率高低的重要指标——税收超额负担的定量研究和比较却较少。而对税收超额负担的研究是很现实和重要的，因为它对于最优税制选择以及公共支出确定等问题具有标尺和准绳的作用。并且不同于税收负担对国家发展阶段和税制结构等因素的影响较大的特点，税收超额负担关注的是税收政策对价格体系、经济机制以及市场行为主体决策的扭曲程度，已经将其他的外部因素的影响弱化，因而其测算出的数值具有很强的政策性和可比性，可以通过超额负担来评价税制是否高效，并且可以直接比较各国的税收制度对该国经济的扭曲程度。

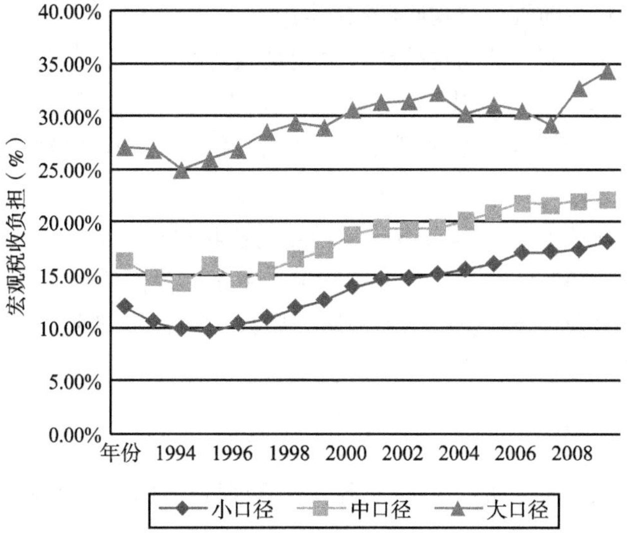

图5－4　不同口径的宏观税收负担变化情况（1993—2008）

5.2　税收超额负担的成因与测算

5.2.1　税收超额负担的成因和程度分析

征税使得商品和劳务的税前税后价格不同，就像打入了“税收楔子”，这种相对价格的变化会引致经济主体做出相应的反应，例如尽量选择免税品或低税品，进行税收方面的寻租（如争夺税收优惠的机会）甚至偷税逃税。这些方面都是税收超额负担的成因，但在经济分析中通常关心征税对经济主体行为的扭曲，一般可分为两个方面：生产方面和消费方面。

税收对生产所造成的效率损失来源于最优生产效率条件被征税破坏。具体来说，课税对生产产生的税收超额负担主要有三类：课税降低产出水平和生产者剩余；课税扭曲要素组合；课税导致资源流向低效率部门。

从消费的角度来看，税收超额负担主要来自于税收的消费替代效应，也就是税收对消费者选择消费品产生影响。当政府对特定商品课征消费税后，会造成该商品的市场相对价格上涨，这种相对价格的变化会引致消费者减少对课税物品的消费，而转向增加对未课税商品的消费。更广泛意义上的，消费品不仅仅为现在的消费品，还包括了未来消费和闲暇。

哈伯格在1964年发表了开创性的论文《税收、资源配置与福利》，用一般均衡法对税收超额负担进行了推算，他的假设为：要素全部出清；政府收入不变；不同税种的税收归宿相同。

这里首先我们对商品税的超额负担公式进行推导。假定经济中有三种商品 x_1、x_2 和 x_3，且都被课以商品税。我们的分析步骤如下：首先假定没有其他税收，计算对 x_1 征税造成的税收超额负担；第二步假设当 x_1 已课征商品税时，计算对 x_2 征税引起的税收超额负担；第三步在对 x_1、x_2 已征税的基础上计算出对 x_3 课征商品税导致的税收超额负担。

以 Δ_1、Δ_2 和 Δ_3 分别代表上述三个步骤中的商品需求量的变化，T_i 和 X_i 分别代别商品 i 的单位税率和价格。那么，当对 x_1 课税，x_2、x_3 不课税时，税收超额负担为：

$$-\frac{1}{2}T_1\Delta_1X_1 \tag{5-9}$$

当对 x_2 课税时，此时 x_1 已课税，x_3 不课税，则此时的税收超额负担为：

$$-\frac{1}{2}T_2\Delta_2X_2 - T_1\Delta_2X_1 \tag{5-10}$$

当对 x_3 课税时，此时 x_1、x_2 已课税，则此时的税收超额负担为

$$-\frac{1}{2}T_3\Delta_3X_3 - T_1\Delta_3X_1 - T_2\Delta_3X_2 \tag{5-11}$$

为简化公式，这里引入符号 S_{ij}来代表 $\partial X_i/\partial P_j$，则有：

$$\Delta_1X_1 = \frac{\partial X_1}{\partial P_1}T_1 = S_{11}T_1 \tag{5-12}$$

$$\Delta_2X_1 = \frac{\partial X_1}{\partial P_2}T_{21} = S_{12}T_2 \tag{5-13}$$

$$\Delta_3X_1 = \frac{\alpha X_1}{\alpha P_3}T_3 = S_{13}T_3 \tag{5-14}$$

$$\Delta_2X_2 = \frac{\alpha X_2}{\alpha P_2}T_2 = S_{22}T_2 \tag{5-15}$$

$$\Delta_3X_2 = \frac{\alpha X_2}{\alpha P_3}T_3 = S_{23}T_3 \tag{5-16}$$

$$\Delta_3X_3 = \frac{\alpha X_3}{\alpha P_3}T_3 = S_{33}T_3 \tag{5-17}$$

将式（5-12）~式（5-17）代入上面式（5-9）~式（5-11）并相加，可得到总的税收超额负担为：

$$-\frac{1}{2}[S_{11}T_1^2 + S_{22}T_2^2 + S_{33}T_3^2 + 2S_{12}T_1T_2 + 2S_{13}T_1T_3 + 2S_{23}T_2T_3] \tag{5-18}$$

根据希克斯1939年的推导，有 $S_{ij}=S_{ji}$，则式（5－18）可变换为：

$$EB=-\frac{1}{2}\sum_{i}\sum_{j}S_{ij}T_iT_j \tag{5-19}$$

式（5－19）即是商品税超额负担的一般形式。根据哈伯格的推导，还可表达为另两种形式：①

$$EB=-\frac{1}{2}\sum_{i}T_i\Delta X_i \tag{5-20}$$

式中：ΔX_i——替代效应，

$$EB=-\frac{1}{2}\sum_{i}\sum_{i<j}S_{ij}(t_i-t_j)^2C_iC_j \tag{5-21}$$

式中：$C_i\cdot t_i=T_i$，$C_j\cdot t_j=T_j$，C_i 和 C_j——分别为商品 i 和 j 的税前价格；

t_i 和 t_j——对商品 i 和 j 课征的比例税率。

接下来，对所得税的超额负担进行推导。所得税的超额负担主要来自于税收对闲暇和劳动，以及投资和储蓄之间的扭曲。先来看闲暇问题。假定有三种物品 x_1、x_2 和 x_3，其中 x_3是闲暇，如果同时对 x_1 和 x_2 课征同比例的商品税，税率为 $t_1=t_2=t$，那么消费者对 x_1 和 x_2 的选择不会扭曲，但是会对 x_1 和 x_3之间，x_2 和 x_3之间的选择造成扭曲。同理，对 x_1 征收商品税，不会扭曲 x_2 和 x_3 之间的选择，但对 x_1 和 x_2 之间、x_1 和 x_3之间会造成扭曲。同样地，对 x_2 征税，不会扭曲 x_1 和 x_3之间的选择，但会扭曲 x_1 和 x_2 之间、x_2 和 x_3之间的选择。也就是说，无论哪一种情况，都会导致消费者对两组商品选择的扭曲。因此，实际上，所得税和商品税是很类似的，从而可以用和商品税超额负担相同的推导方法来推导所得税的超额负担。

首先，假设每单位物品成本 C_i 为1，那么一个人把他的每一单位闲暇时间用于工作，就可以获得1元钱的收入；一单位的 x_1 和 x_2 的售价分别为1元钱（不含税）。这样在税收超额负担的表达式中就不用考虑成本了。根据该假设，利用式（5－21）对 x_1 和 x_2 课征税率为 t 的商品税所造成的税收超额负担可表述为：

$$\frac{1}{2}[S_{12}(t-t)^2+S_{13}(t-0)^2+S_{23}(t-0)^2]=\frac{1}{2}(S_{13}t^2+S_{23}t^2) \tag{5-22}$$

当 C_i 等于1时，S_{ij}的限制可以简化为 $\sum_i S_{ij}=\sum_j S_{ij}=0$，这样 $S_{13}+$

① Arnold C. Harberger（1964）：Taxation，Resource Allocation and Welfare.

$S_{23}=-S_{33}$，从而式（5－22）可改写为：

$$-\frac{1}{2}S_{33}t^2 \tag{5-23}$$

由于对 x_1 和 x_2 征税，对 x_3 不征税，相当于给 x_3 补贴（或负税收），因此，式（5－23）就是所得税的税收超额负担表达式。

下面我们再结合图形进行理解，在图5－5中，L 为劳动供给曲线，假设这条曲线仅受替代弹性约束；用 ω 表示含税工资，t 是对含税工资课征的税率，这样每单位劳动的税收为 $t\omega$，即图中的 AC，DA 则是每单位劳动的净税收所得。由于 S_{33} 是闲暇需求函数对工资率的偏导，则劳动供给函数关于工资率的偏导为 $-S_{33}$。从而，由于课征税率为 t 的所得税造成的劳动数量的减少额为 $-S_{33}t\omega$，对应于图中的 BC。对于劳动者来说，含税所得的整体减少值等于矩形 $DEBC$，同时，劳动者从闲暇所获得的收益为梯形 $DEBA$，这两者之间有个三角形的差额 ABC，其面积就是税收超额负担。由于 $-S_{33}=\partial L/\partial\omega$，那么式（5－22）可改写为：

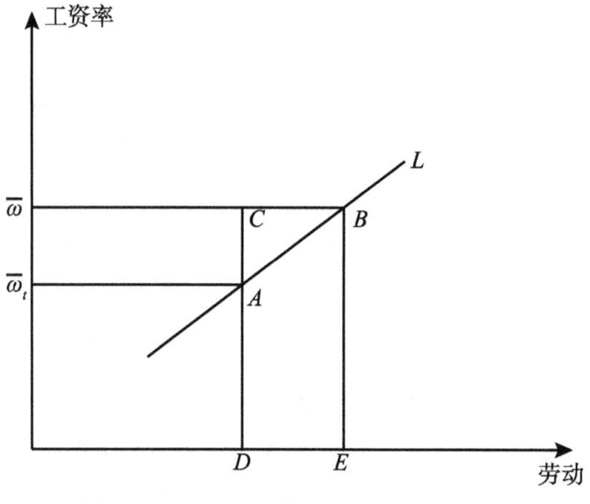

图5－5 （劳动）所得税与税收超额负担

$$EB=-\frac{1}{2}\frac{\alpha L}{\alpha\varpi}(t\varpi)^2=-\frac{1}{2}\left(\frac{\varpi}{L}\frac{\alpha L}{\alpha\varpi}\right)t^2\varpi L=-\frac{1}{2}et^2\varpi L \tag{5-24}$$

式中：e——不包括收入效应的劳动供给价格弹性；

ωL——所得税前的劳动收益；

t——税率，用毛所得的百分比表示。

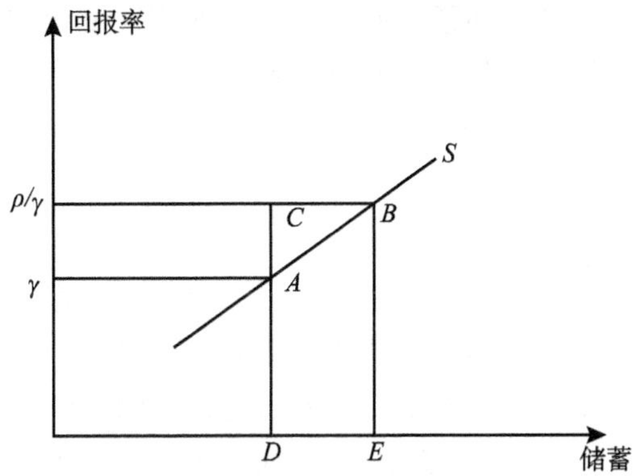

图5-6 （资本）所得税与超额负担

再来分析可视为未来消费品的储蓄。由经济学原理可知，私人储蓄受税后收益率影响；而社会回报率取决于税前收益率。从整个社会来看，储蓄的每1元钱能够带来每年 p 元收益，且是永久性的所得源泉。对于个体储蓄者来说，这种源泉每年能产生 $p(1-t)$ 元或 r 元的收益。那么，对于个体储蓄者来说，用收益 r 估算的这种所得源泉的现价为1元；但是对于整个社会来说，这种所得源泉的现价等于 p/r 元。也就是说，储蓄每1元的社会现价超过私人储蓄的现价约为 $t/(1-t)$，从而所得税不可避免地产生了当期消费和未来消费选择间的扭曲，也就产生了税收超额负担（如图5-6所示）。假设消除这种扭曲能够引起储蓄发生变化，且变化额等于 ΔS，那么征税所造成的储蓄决策扭曲导致的税收超额负担等于：

$$EB = -\frac{1}{2}\Delta S\frac{t}{1-t} \tag{5-25}$$

尽管式（5-19）~式（5-25）中的税收超额负担的表达式不尽相同，但其基本构成内容是一致的，包括税率和替代效应（或补偿性需求变动）；税率、排除了希克斯“收入效应”之后的价格弹性（即替代弹性）和税前课税品的支出（或收入）。由于替代效应可以分解为替代弹性和税前课税品的支出（或收入），因此，我们可以从商品税和所得税的税收超额负担数学表达式中得出决定税收超额负担程度的主要因素：一是课税品的税率；二是课税品的替代弹性；三是税前课税品的支出（或收入）。

5.2.2 税收超额负担的测度方法

征税是政府筹集财政资金的常用手段之一，它势必会造成税收超额负担，减少纳税人甚至是整个社会的社会福利。那么福利水平到底会因征税改变多少呢？要回答这一问题，就不可避免地要涉及福利的测度问题。马歇尔的消费者剩余概念和其相关的由希克斯在1942年提出的补偿变动CV（compensating variation）和均等变动EV（equivalent variation）概念是福利测度的最基本问题。

5.2.2.1 消费者剩余的马歇尔度量

为了说明消费者剩余和生产者剩余这一对概念，我们从马歇尔的《经济学原理》（1920年，第八版）第811页的图表着手（如图5-7所示）。关于消费者剩余的定义，如果不要求太精确，指的是消费者愿意支付超过其所购买的消费品数量X_0的价款P_0X_0的数额。若把需求曲线解释为消费者愿意支付的一种表达式，那么就可以得到一个由需求曲线D和价格P_0线（同x轴平行）围成的区域A。

类似地，若把生产者剩余解释为在供给中所有产品销售后获得的利润水平，并假设竞争性供给导致边际社会成本与供给曲线S的斜率是一致的，那么就可以得到供给曲线S与价格P_0围成的区域B，当价格等于边际成本时，$A+B$的数额就可以达到最大化。当然，我们也能比较容易地计算出因价格变化所引起的A和B面积的变化程度。例如，如果价格从P_0上升到P_1，那么消费者剩余的变动值等于一个梯形的面积，即：

$$\Delta S = -\int_{P_0}^{P_1} x(p)\mathrm{d}p \tag{5-26}$$

式中：$X(*)$表示在其他商品价格不变的条件下，与商品的自身价格有关的需求函数。

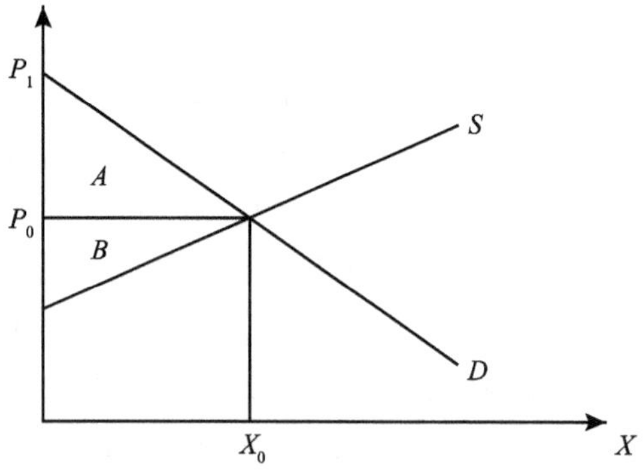

图5-7 消费者剩余和生产者剩余

作为一种福利的测度，消费者剩余的基本问题是它并非直接来源于消费者的基本偏好。它具有一种严重的路径依赖的弱点：如果一种以上的价格发生变动，对图 5－7 中梯形面积的计算的先后次序就很重要。也就是说，若给 X^i 和 P^i 为第 i 个市场中需求的数量和价格，那么消费者剩余个别变动 ΔS^i 的加总，即线性积分

$$\Delta S = \sum_i \Delta S^i = -\int_{P_0}^{P_1} \sum_i x^i \mathrm{d}p^i \tag{5-27}$$

依照从初始价格矢量 P_0 到最终价格矢量 P_1 的积分路径，呈现出不同的价值量。为了说明这一问题，下面考察一个具有 2 个市场的简单例子。如果先选择第一个市场中的价格发生变化，那么，消费者剩余的变化为

$$\Delta S_1 = -\int_{P_0^1}^{P1} x^1(p^1, p_0^2)\mathrm{d}p^1 - \int_{P_0^2}^{P_1^2} x^2(p_1^1, p^2)\mathrm{d}p^2 \tag{5-28}$$

然而，如果先选择第二个市场中的价格发生变化，那么就可以获得如下的消费者剩余变化：

$$\Delta S_2 = -\int_{P_0^1}^{P1} x^1(p^1, p_1^2)\mathrm{d}p^1 - \int_{P_0^2}^{P_1^2} x^2(p_0^1, p^2)\mathrm{d}p^2 \tag{5-29}$$

两者相减得到：

$$\Delta S_2 - \Delta S_1 = -\int_{P_0^1}^{P1} [x^1(p^1, p_1^2) - x^1(p^1, p_0^2)]\mathrm{d}p^1 + \int_{P_0^2}^{P_1^2} [x^2(p_1^1, p^2) - x^2(p_0^1, p^2)]\mathrm{d}p^2 \tag{5-30}$$

一般地说，要使式（5－30）这个公式等于 0，P_0 和 P_1 之间的所有子区间必须为 0。特别是对第 1 市场和第 2 市场中的价格 p^1 和 p^2 而言，当 $p_1^1 = p_0^1 + \mathrm{d}p_0^1$ 和 $p_1^2 = p_0^2 + \mathrm{d}p_0^2$ 时，式（5－30）就变成了：

$$\Delta S_2 - \Delta S_1 = \frac{\alpha x^2(p_0^1, p_0^2)}{\alpha p^1}\mathrm{d}p^1\mathrm{d}p^2 - \frac{\alpha x^1(p_0^1, p_0^2)}{\alpha p^2}\mathrm{d}p^1\mathrm{d}p^2 \tag{5-31}$$

仅当交叉价格的导数 $\partial x^1/\partial p^2$ 和 $\partial x^2/\partial p^1$ 相等时，式（5－31）才等于零。补偿性需求具有这种对称性，即斯卢斯基矩阵是对称的（希克斯，1946）。普通需求的导数除了具有替代效应外，还具有收入效应，而这些收入效应一般都并不相等。由此可见，用马歇尔式的消费者剩余来衡量消费者因经济环境的变化而引起的福利水平变化，尽管比较简单，但是只对某些特定的效用函数尤其是线性效用函数有效。一方面，对于一般性的效用偏好而言，马歇尔式的消费者剩余和生产者剩余并不是最合适的福利变化的测度指标。另一方面，在一条以边际效用表示出来的需求曲线上讨论福利的变动，会忽略了价格变动所引起的收入效应对福利的影响。为此，下一节介

绍一种更为一般的福利变动测度标准：补偿变动和均衡变动。

5.2.2.2 消费者剩余的希克斯度量：补偿变动和均等变动

为了获得对福利变动合适的测度，我们假设一项政策导致了消费者的效用发生了变化。假定该项政策使得消费者所面临的预算约束由（p_0，y_0）变到（p_1，y_1），则如果用间接效用函数来表示，消费者的福利就变化为：

$$v(p_1,\ y_1)-v(p_0,\ y_0) \tag{5-32}$$

如果式（5－32）的结果为正，则说明该项政策对这一消费者有好处；反之，则表明该项政策使消费者的福利水平降低。

上述关于消费者福利变动测度的方式是直接的。在序数效用论下，上述方法只能比较单个经济人的福利变化，并且缺少一种度量单位。因此，人们试图用统一的货币单位来衡量这一福利的变动。

这里，又碰到了一个问题，即对补偿需求函数来说，应采用哪一个效用水平作为一种参照呢？两个侯选对象自然就是价格变动前后存在的效用水平。根据希克斯（Hicks，1942）提出的概念，我们将一种价格变动的补偿变动定义为：消费者为保持价格变动后的效用不受影响而必须获得的收入额；而将一种价格变动的均等变动定义为：消费者为了避免价格变动而将要放弃的收入额。从定义中可知，一种价格从 P_0 变动到 P_1 的补偿变动等于一种价格从 P_1 变动到 P_0 的均等变动。如果利用支出函数，并将该支出函数定义为在既定价格下实现一个既定的效用水平的支出最小化，即：

$$E(p,\ \bar{U})=\min(p\cdot x)\qquad（受\ U(x)\geqslant\bar{U}\ 约束）\tag{5-33}$$

则可以简洁地将均等变动和补偿变动表述为 $E(p,\ \bar{U})-E(p_0,\ \bar{U})$，其中 $\bar{U}$ 在补偿变动情形下代表变动前的效用水平，而在均等变动情形下则表示变动后的效用水平。现假设 y 是消费者的实际收入，这样就可以单独通过间接效用函数的运用，用价格和收入的函数来表述这两种测度方法。间接效用函数可以定义为：

$$V(p,\ y)=\max U(x)\qquad（受\ p\cdot x\geqslant y\ 的约束）\tag{5-34}$$

将式（5－34）代入式（5－33）中，就获得了一种价格从 P_0 到 P_1 变动的补偿变动计算公式：

$$\begin{aligned}CV(p_0,\ p_1)&=E(p_1,\ V(p_0,\ y))-E(p_0V(p_0,\ y))\\&=E(p_1,\ V(p_0,\ y))-y\end{aligned}\tag{5-35}$$

同时，还可以获得相应的均等变动的计算公式：

$$\begin{aligned}EV(p_0,\ p_1)&=E(p_1,\ V(p_1,\ y))-E(p_0,\ V(p_1,\ y))\\&=y-E(p_0,\ V(p_1,\ y))\end{aligned}\tag{5-36}$$

注意，这里应用了 $y=E(p, V(p, y))$。

根据包络定理（the envelope theorem），支出函数关于一个单独价格变量 p^i 的导数即为希克斯（或补偿）需求函数 $\chi_C^i(p, \overline{U})$。因此，针对 $\overline{U}$ 的适当价值，任何一种希克斯变动可以被表述为：

$$E(p_1, \overline{U}) - E(p_0, \overline{U}) = \int_{p_{00}}^{p_1} \frac{\mathrm{d}E}{\mathrm{d}p}(p, \overline{U})\mathrm{d}p = \int_{p_0}^{p_1} x_C(p, \overline{U})\mathrm{d}p \qquad (5-37)$$

必须指出的是，由于交叉价格的导数与补偿需求具有对称性，因此这些测度方法是路径独立的。

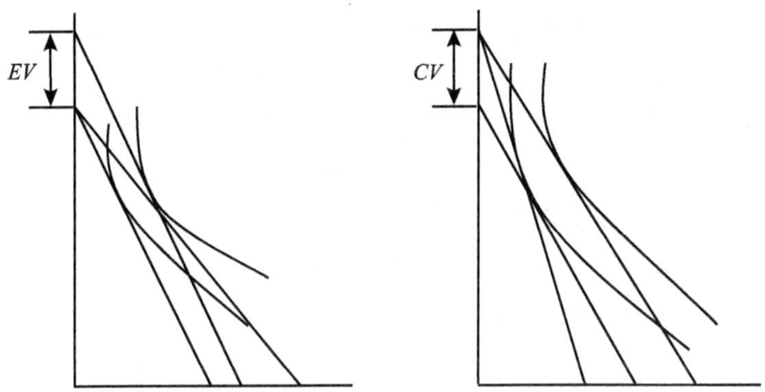

图5-8　均等变动和补偿变动

另外，这两种测度方式都反映了相应于政策变动前后的效用所对应的收入的变动。在二维的情况下，均等变动反映了政策变动后无变动曲线上对应于原有价格所表示的收入与原有收入之间的差额，而补偿变动反映了政策变动以后的收入与原有的无变动曲线上对应于新的价格下的收入之间的差额。图5-8可以比较直观地反映这两种测度方法的微小差异。*CV* 和 *EV* 的数值的大小受相对价格变动大小的影响，若一项政策所引起的价格变动是微小的，那么二者之间的差距是可以忽略的。在实践中，采用哪一种方式作为由政策变动引起的福利变动的测度，取决于所要解决的问题。出于比较不同的政策之间福利变动大小的目的，采用均等变动指标是合适的，因为这时用初始价格作为标准较为方便；当然为了安排价格变动后的补偿，使用补偿变动作为福利变动的测度则较为合适。图5-8可以比较直观地反映这两种测度方法的关系。

5.2.3　基于CGE模型的税收超额负担测算

税收超额负担的实证分析与测算理论及技术的研究发展紧密相关，较早的实证分析是 Browning（1976）采用 Harberger 方法在局部均衡框架下计算美国劳动税导致的公共资金边际成本（MCF）。然而，局部均衡法没有考虑税收在整个经济系统中造成的影响，或者假定条件设为生产者价格不变，因此会产生税收超额负担测度的不全面或者误差。对此，最后的解决办法是构建一般均衡模型，将整个经济系统的主体、行为方程、均衡条件、最优化条件都纳入进来，在此基础上进行模拟就可以方便、直接地计算税制变动引起的效用的变化，或者估算为了补偿一个既定的变化而必须增加的收入。

随着一般均衡理论研究成果在实证分析中应用，这一设想也得以实现。本书利用 GTAP 模型测算税收超额负担，具体采用 EV 法进行测算。也就是社会居民的福利变化为初始价格条件下达到新的效用水平所需要的预算 Y_{EV}与初始预算$\bar{Y}$之差：$EV = Y_{EV} - \bar{Y}$，将等式差分后得到：

$$dEV = (0.01) Y_{EV} y_{EV} \tag{5-38}$$

式中，y_{EV}是 Y_{EV}变化的百分比。

我们对其进一步分解为人口变化的百分比 n，以及在初始价格条件下达到新的人均效用的的人均预算变化百分比 X_{EV}，可得到：

$$y_{EV} = n + X_{EV} \tag{5-39}$$

假定效用的支出弹性为 Φ，可得：

$$X = P + \Phi u \tag{5-40}$$

设价格保持初始水平不变，则可得：

$$X_{EV} = \Phi_{EV} u \tag{5-41}$$

将式（5－41）代入式（5－40）和式（5－39），可得到福利变化额为：

$$\begin{aligned} dEV &= (0.01) Y_{EV}(n + \Phi_{EV} u) \\ &= (0.01) Y_{EV} n + (0.01) Y_{EV} \Phi_{EV} u \end{aligned} \tag{5-42}$$

地区的总实际收入可定义为：

$$D \equiv Y(y - p) \tag{5-43}$$

注意到地区总支出变化百分比等于人均消费性支出和人口变化百分比的和，即 $y = n + x$，再将式（5－40）变形为 $u\Phi = (x - p)$，可得到式（5－44）：

$$u = \Phi^{-1}(y - p - n) \tag{5-44}$$

将式（5－44）代入式（5－42）得到 EV 分解为地区实际收入的表达式：

$$dEV = (0.01)\left[1 - \frac{\Phi_{EV}}{\Phi}\right] Y_{EV} n + (0.01)\frac{\Phi_{EV} Y_{EV}}{\Phi \ Y} D \qquad (5-45)$$

式（5－45）中的第一项是人口对区域 *EV* 的影响，这是一个简单的人口增长率的比例关系，第二项是该地区的全部实际收入的变化和 *EV* 之间的联系。

如上所述，在比较静态的、固定人口、给定资源和技术水平的 CGE 模型中，提高福利的唯一方法是通过减少已有的超额负担扭曲程度。此外，资源配置效率的任何变化都可能是税收（或直接相关的税收变化）与均衡数量变化的相互作用。模型中地区总实际收入如式（5－46）（完整的推导如下）所示：

D =

sum(*i*, *ENDW_COMM*, *VOA*(*I*) * *go*(*i*)) − *VDEP* * *kb* +

sum(*i*, *NSAV_COMM*, *PTAX*(*I*) * *go*(*i*)) +

sum(*i*, *ENDW_COMM*, sum(*j*, *PROD_COMM*, *ETAX*(*i*, *j*) * *qfe*(*i*, *j*))) +

sum(*j*, *PROD_COMM*, sum(*i*, *TRAD_COMM*, *DFTAX*(*i*, *j*) * *qf*(*i*, *j*))) +

sum(*i*, *TRAD_COMM*, *DPTAX*(*i*) * *qp*(*i*)) +

sum(*i*, *TRAD_COMM*, *DGTAX*(*i*) * *qq*(*i*))　　(5－46)

式（5－46）的第一项为禀赋的变化对收入变化的影响，在静态 CGE 模型中，这一项一般为 0，后面的五项分别对应于五种税所造成的影响，即 *PTAX*，*ETAX*，*DFTAX*，*DPTAX* 和 *DGTAX*。这五项税收分别为商品 i 的产出税，行业 j 使用禀赋 i 的要素税，行业 j 使用中间产品 i 的商品税，以及私人消费和政府消费 i 的商品税。每一种税（或补贴）乘以使用量的相对变化。

5.3 税收超额负担与我国税制改革

在现实生活中，虽然无法找到使税收超额负担为零的最优税收，但并不意味着不存在使税收超额负担降低的次优税收。使税收超额负担向极小化方向发展的税制改革过程，实质上就是一种税制优化的过程。

税收超额负担概念在税收理论与实践中有着广泛的应用。概括地说，表现为如下三个方面：①比较各种税制的相对优劣。在研究税制优化问题时，经常会遇到不同税制相对优劣的比较问题，而优劣的衡量标准就是税收超额负担。②指明降低税收扭曲程度的可能途径。税制优化中涉及的一个重大问题就是如何减少税收对经济造成的效率损失，从而增进经济福利。通过对税收超额负担测度和分析，可以使我们认识和发现税制中给经济造成额外效率损失的主要因素，为降低税收扭曲程度指明了可能的途径。③为设计次优税收政策提供佐证。在存在某些限制因素而不能按最优的规则设计税收政策时，税收超额负担的极小化概念有助于设计某些次优的税收政策，并为设计的次优税收政策提供佐证。

随着我国经济的高速发展和经济方式转型的要求，新一轮税制改革已吹响号角，而税制改革的量化指标却鲜少有见。本书利用税收超额负担理论对现行税制的整体、组成部分和征收环节进行测算，试图提供一个客观的、国际可比的、量化的和直观的税制改革导向指标。

5.3.1 基于 CGE 模型的我国税收超额负担测算和国际比较

根据国外研究成果，使用 CGE 模型测量税收超额负担时一般采用 Musgrave（1959）提出的分析方法，用单位税率变化时的福利变化值除以税收变化额的比值以分析税收对社会整体经济的扭曲程度。GTAP 模型测算税收变化等冲击所带来的福利变化采用收入等值法（EV，equivalent variation)，包含配置效率、贸易条件和投资储蓄平衡。收入等值法和补偿等值法（CV，compensating variation）是总体福利度量的两种主要方法，起源于著名的 Hicks（1939）福利变量测度。*EV* 表示当价格变化时，为避免价格变化消费者所愿意放弃的一定数量收入（或财富）；*CV* 表示当价格变化时，为使效用水平不受价格变化的影响消费者必须获得的一定数量收入（或财富）。表达式如式（5－47）所示：

$$EV = e(p_o, u_1) - e(p_o, u_0) = e(p_o, u_1) - w \tag{5-47}$$

或者：

$$V(p_0, w + EV) = u_1 \tag{5-48}$$

$$CV = e(p_1, u_1) - e(p_1, u_0) = w - e(p_1, u_0) \tag{5-49}$$

或者：

$$V(p_1, w - CV) = u_0 \tag{5-50}$$

式中：p_0——初始价格；

p_1——变化后的价格；

u_0——初始效用；

u_1——变化后的效用；

w——收入（或财富）；

$u = v(p, w)$——效用函数；

$w = e(p,\ u)$——支出函数。

由于EV用社会总体收入变化来表示社会福利水平变化，能全面考虑分配效率、贸易条件及投资储蓄的影响，所以本书选用EV来计量福利的变化。

为了研究我国税收超额负担并进一步分析其超额负担水平在国际比较中是否较高，本书根据经济发展阶段及税制结构的不同，选取了美国、澳大利亚、巴西和韩国，对其税收超额负担进行了测算并与中国进行比较。其中美国和澳大利亚是典型的发达国家，税制结构中直接税的比重较高，根据表5－2所示美国直接税的占比高达83.4%，澳大利亚达72.2%。韩国虽然也是发达国家，但由于历史发展阶段和政策选择不同，其税制结构却不同于美国和澳大利亚，直接税占比约为55.1%，为双主体结构。巴西与我国同属中高等收入国家，也是以间接税为主体。上述资料与世界税政实践中经济越发达，直接税比重越高的趋势相符。由于所得税更能兼顾公平，能更好地体现“量能负担”的原则，但需要较高的征管能力和完善的税收法制体系。因此，对效率有更高需求的发展中国家，实行以商品税为主体的税制结构。

表5－2　　　　四国税收结构比较（2009年）

国别	所得、利润、资本收益税	工薪税	社会保障税	财产税	国内货物劳务税	国际贸易与交易税	占GDP比重
美国	39.9%	—	28.4%	13.5%	17.5%	0.70%	23.9%
韩国	30.9%	—	16.1%	11.3%	30%	3.7%	23.5%
澳大利亚	59.4%	5.0%	—	8.2%	25.6%	1.9%	28.1%
巴西	32.3%	1.5%	27.8%	0.2%	35.2%	2.3%	21.9%

数据来源：国家税务总局税收科学研究所．外国税制概览［M］. 2012.

由于税制结构及税种设置差异较大，且各国税收体系的征收方式及影响机制等都不尽相同，因此不易也不宜对具体税种的超额负担进行比较。经综合考虑，本书将税收按间接税、直接税分类进行国际比较。为测试边际超额负担，设定模型的外部冲击为将全部税收提高1%。

在模型中，对各国分别施以提高1%的税率冲击后，各国的福利及其分解变动见表5－3。税收超额负担等于提高1%税率之后的社会总福利变动额除以税收变化额的值。其中，总福利变动由分配效率、贸易条件和投资储蓄平衡三部分组成，分别表示冲击对要素配置效率的影响，出口相对盈利能力的影响和投资储蓄平衡的影响。从配置效率看，中国和韩国有小幅增加，其他几国为减少，即增加1%的税率对中国和韩国的要素配置效率有较小的提高作用，对其他几国则为降低，以间接税为主体或双主体国家的配置效率将会随税率提高而增加（巴西例外，由于其间接税的扭曲太大，由表5－3可知），说明中国等对公共支出仍有较大需求的国家小幅增税能提高要素的配置效率。

从贸易条件看，各国都有较大的减少，因此税率增加会降低各国出口产品的竞争力，对各国贸易条件都有较大的损失。从投资储蓄平衡来看，美国、澳大利亚增加，其他各国减少，这是因为增加税率将抑制投资，从而有利于美国等低储蓄国家的投资储蓄平衡。从总福利变动值来看，税率增加均导致各国福利减少，美国约为106.7亿美元居首，其次是中国约25亿美元、巴西16.1亿美元、澳大利亚13.4亿美元及韩国9.5亿美元。从税收超额负担来看，巴西最大，为0.44；接下来分别为澳大利亚0.27，中国0.24，韩国0.19及美国0.09。以中国为例，税收超额负担为0.24，说明如果通过征税为公共项目筹资，则须公共项目的边际收益大于1单位税收加上0.24单位的税收额外福利成本时，该项目才能被接受。

根据本书的测算结果，分析可知：

（1）中国的税收边际负担为0.24，居于五国的中间水平。可见我国的税收效率仍处于较高水平，虽然税收收入增长较快，宏观税负水平呈上升趋势，但仍处于合理水平，因此不应盲目大规模减税。为了保障支出和对日益增长的民生性投入，我国对税收规模的指导原则应该是稳定税负。

（2）从各国的测算结果横向比较来看，税收超额负担与国家的发展阶段（是发展中国家还是发达国家）或税制结构并无一定的关系。也就是说税收制度存在和经济结构内洽的问题，并不是说某一种税制结构就优于另一种税制结构，国家应根据自身的具体国情选择相适应的的税收制度和税制结构。

（3）总体而言，税收超额负担是由具体的国家经济结构、发展阶段、税制结构，特别是税收制度和经济结构的匹配程度等多方面的因素综合决定的。对于我国来说，当前税收制度虽然存在一些问题，但总体来说是适合我国国情和经济发展需要的，是较为高效的。

表5-3 各国福利分解及税收超额负担测算 单位：百万美元

国别	配置效率 (1)	贸易条件 (2)	投资储蓄平衡 (3)	总福利变动 (4)	税收差额 (5)	税收超额负担 (6)
中国	85.28	-1953	-629	-2496	10518	0.24
美国	-3907.7	-8363.3	1605.1	-10665.8	116250.2	0.09
韩国	245	-907	-289	-952	5025	0.19
澳大利亚	-689	-685	32.9	-1341	5011	0.27
巴西	-793	-722	-102	-1617	3692	0.44

注：模型计算结果；计算公式：(4)=(1)+(2)+(3)，(5)=税收总额×1%，(6)=(4)/(5)

5.3.2 直接税和间接税的税收超额负担测算分析

由于各国税制存在较大差异，而按直接税和间接税分类是进行税制比较时常用的分类方法，因此本书按直接税和间接税分类对分配效率进行比较，结果见表5-4。从直接税税率提高1%对福利的影响看，间接税占主体的中国和巴西整体福利分别增加约4.6亿美元和1.1亿美元；间接税直接税双主体的韩国整体福利增加约4.4亿美元；直接税占主体的美国和澳大利亚整体福利分别减少约8亿美元和0.4亿美元。从间接税税率提高1%对福利的影响看，各国福利均减少，美国减少最大，约为31亿美元，韩国减少最小，约为2亿美元。由此可见，间接税占主体或直接税间接税双主体的国家适度提高直接税有助于提高资源配置效率，从而调整间接税和直接税的比重有助于提高其配置效率。

这一结论对我国的税制改革实践具有重要意义。当前我国税收体系存在的一个重要问题就在于税制结构的“不均衡”状况，即间接税过重而直接税的比重过小。从我国的税制结构来看，1994年我国的间接税比重超过75%，直接税不到25%；随着改革的深入和减税政策的推行，这种状况已有一定的好转，但这种结构失衡的状态依然值得关注。近年来，不少主流机构和研究人士认为中国税收结构失衡，对提高直接税比重基本达成共识。

表5-4 直接税和间接税的超额负担 单位：百万美元

国别	直接税	间接税	总值
中国	463.48	-378.2	85.28
美国	-804.4	-3103.3	-3907.7

续表

国别	直接税	间接税	总值
韩国	444.85	-199.3	245
澳大利亚	-43.31	-646.19	-689
巴西	113.45	-904.8	-793

注：模型计算结果。

2013 年 11 月 12 日通过的《中共中央关于全面深化改革若干重大问题的决定》在“深化财税体制改革”的部分更是明确提出要“逐步提高直接税的比重”和“稳定税负”，这就意味着当前我国税制改革的一个方向是调整税制结构，逐步提高直接税的比重和降低间接税的比重。

本书通过构建一般均衡模型，计算出税收超额负担中直接税超额负担为正的 4.63 亿美元，间接税的超额负担为负的 3.78 亿美元。这就意味着对直接税增税 1% 会给社会总体福利带来 4.63 亿美元的收益，而对间接税增税 1% 会对社会总体福利造成 3.78 亿美元的损失。充分说明在我国税制结构中间接税带来的超额负担过大，需要降低比重；而直接税增税能带来福利增加，还存在一定的增税空间。可见，本书通过对税收超额负担的计算，从税收效率的角度得出提高直接税的比重和降低间接税的比重，有利于减小税制对经济的扭曲，有利于资源的更有效配置，有利于经济的健康发展，与党的十八届三中全会的精神是一致的。

5.3.3 生产环节和销售环节的税收超额负担测算分析

税收特别是商品税的征收环节对于税收的效率，以及税收对经济的扭曲程度也存在较大的影响。我国目前的商品税主要集中于生产环节，这对于税收征管能起到较大的便利作用，但也存在着税负归宿难以确定，调控目标难以实现等问题。比如，国家为降低居民购买粮食、水、书籍、暖气等生活必需品的负担，对这些商品采用低税率，但这些商品可能被厂家购买作为生产投入品，那么国家对居民的这种补贴就没有（至少是完全）被居民获得。可见，对于税收征收环节的设计也是提高税收效率，进行税制改革重要的一环。

为测算不同环节征税带来的福利变化，我们在 CGE 模型中分别对生产环节税收减税 1% 和消费环节的税收减税 1%，表 5 -5 给出了测算结果。

表 5－5　　不同征税环节减税的福利变化　　单位：百万美元

国别	生产环节	消费环节
中国	353.46	167.86
美国	121.51	237.42
韩国	351.25	281.23
澳大利亚	143.52	326.51
巴西	343.35	254.31

注：模型计算结果。

根据表 5－5 的测算结果可知，对我国生产环节减税 1% 将带来 353.46 百万美元的福利收益，而对消费环节减税将带来 167.86 百万美元的福利收益，可见，生产环节减税的收益远大于消费环节减税的福利收益。这与我国当前的税制设置状况和运行模式有关。当前我国商品税占主体地位，而商品税又大部分对生产经营单位课征，生产环节的税负过重，束缚了生产的发展和抑制了资源的有效配置；而消费环节的税收则较少，这就使得税收难以发挥应用的调节功能—保障基本消费，促进正常消费和抑制不合理或浪费的消费行为。虽然理论上来说在消费环节课税容易产生抑制消费的作用，但由于我国的商品税税收归宿大部分最终为消费者，所以调整课征环节之间的税收与最终消费量的关系并不大。

测算结果说明，对于我国商品税来说，调整税收在征收环节上的分配，适当减少生产环节的税负和增加消费环节的税负，有利于发挥税收的调节作用，有利于政府通过税收手段发挥对经济和居民生活的调配作用。

这一测算结果的意义还在于，与后文所提出的以开征零售税作为地方税主体税种的地方税体系改革方案相呼应。这一方案提出要调整商品税内部在征税环节上的分配，开征零售税，即增加消费环节的税收；调降增值税；即降低生产环节的税收。我们对不同环节减税的超额负担的测算结果支持了这样的方案设想：生产环节的税负过大，对经济的扭曲作用更大，在总体税收规模变化不大的前提下调降生产环节的税负，适当增加消费环节的税负有利于资源的有效配置和总体福利的提高。

5.4　基于税收超额负担的我国税制改革政策建议

经济研究中一个最基本的问题就是效率问题，即如何充分地利用资源，税收超额负担及其测算就是衡量税收效率问题的核心变量和重要问题。当前，党的十九大提出要深化财税体制改革，指出要完善地方税体系。这为今后一段时期的税制改革提出了政策指导和发展方向。本节利用CGE模型测算了税收超额负担，从效率的角度说明了该指导思想的正确性，为税制改革的方向提出了实证结果的验证和支持。具体的政策建议有如下几条：

一是要稳定税负。通过对总体的税收超额负担的计算和国际比较可以看出，我国税收超额负担为0.24，处于中间水平，因此我国不应急于进行大规模减税，当前应该稳定税负，保障财政对经济发展和民生投入的支持和财力保障。

二是要对间接税减税。将税收超额负担分为直接税超额负担和间接税超额负担，分别计算得出直接税超额负担为正的463百万美元，间接税的超额负担为负的378百万美元，充分说明了我国税制结构中间接税带来的超额负担过大，需要降低比重；而直接税增税能带来福利增加，还存在一定的增税空间。因此，当前和今后一段时间的税制结构调整原则应是逐步提高直接税比重，降低间接税的比重。

三是要适当调节生产环节和消费环节的税负分配。通过对不同环节的税收超额负担的计算得出对我国生产环节减税1%将带来353.46百万美元的福利收益，而对消费环节减税将带来167.86百万美元的福利收益，可见，生产环节减税的收益远大于消费环节减税的福利收益。因此在保证总体收入规模不变的前提下可以适度调减生产环节税负，增大消费环节税负。与后文地方税体系建设方案相结合，得出支持开征零售税、调节生产环节和消费环节的税负并给予地方合理财力的地方税体系改革的思路。

第6章　我国当前税制改革路径设计

改革开放以来，我国税制逐步规范，1994年的税制改革初步奠定了符合市场经济发展要求的税制框架。20年来的稳健有效运行，充分说明我国现行税制具有很强的生命力。然而，近20多年来的国内外经济形势变化很大，对税收体系建设提出了新的需求。

近年来，我国加快了改革调整和完善税制的步伐。党的十九大明确提出，要“深化财税体制改革”，这表明新一轮的税制改革已经吹响号角，如何在深入分析国情和借鉴国际经验的基础上，进行合理有效的税制改革路径设计，对于深化改革，提高国家治理体系和治理能力，具有重大现实意义。

6.1　我国当前税制体系存在的主要问题

1994年的分税制改革对于筹集财政收入、促进经济增长都起到了非常有效的作用，但随着经济和国内外形势的快速发展变化，我国现行税收体制存在的一些问题也突显出来，大致可以总结为如下三点。

6.1.1　税收总额持续较快增长，新常态下增速有所下滑

根据财政部数据，2013年税收收入110530亿元，比上年增长9.85%，GDP增速为7.7%；2012年全国税收总收入[①]比2011年增长12.1%，GDP

① 全国税收总收入包括税务部门征收的国内税收收入，海关征收的关税、船舶吨税、代征的进口货物增值税和消费税，以及财政或地税部门征收的耕地占用税和契税，该收入扣除了出口退税，为全国税收净收入数。

增速为7.8%；2011年同比增长22.6%，GDP增速为9.2%。可见税收收入增长率均高于GDP增速，但新常态下增速放缓。

实际上，我国自1994年分税制改革以来，税收收入增速始终保持高于GDP的增速（见表6-1）。由图6-1可以看出，仅2009年由于国际金融危机影响，GDP和税收收入增速均跌至低谷，为9.2%和9.7%，但之后双双快速回升，近两年来，税收收入的增速与GDP增速的差距减小。

这些数据说明，现行税制在增收方面发挥了积极的作用，能够高效地筹集税收收入；而备受争议的税收收入增长速度长期高于GDP增速的局面，在当前新常态和结构性减税的背景下趋势有所变化，税收增速和GDP增速均有所下降。

表6-1　　我国税收增速和GDP增速

年度	国内生产总值（亿元）	各项税收（亿元）	税收占GDP比重（%）	GDP增速（%）	税收收入增速（%）
1994	48197.86	5126.88	10.64	13.08	20.48
1995	60793.73	6038.04	9.93	10.92	17.77
1996	71176.59	6909.82	9.71	10.01	14.44
1997	78973.03	8234.04	10.43	9.30	19.16
1998	84402.28	9262.80	10.97	7.83	12.49
1999	89677.05	10682.58	11.91	7.62	15.33
2000	99214.55	12581.51	12.68	8.43	17.78
2001	109655.17	15301.38	13.95	8.30	21.62
2002	120332.69	17636.45	14.66	9.08	15.26
2003	135822.76	20017.31	14.74	10.03	13.50
2004	159878.34	24165.68	15.12	10.09	20.72
2005	184937.37	28778.54	15.56	11.31	19.09
2006	216314.43	34804.35	16.09	12.68	20.94
2007	265810.31	45621.97	17.16	14.16	31.08
2008	314045.43	54223.79	17.27	9.63	18.85
2009	340902.81	59521.59	17.46	9.21	9.77
2010	401512.80	73210.79	18.23	10.45	23.00

续表

年度	国内生产总值（亿元）	各项税收（亿元）	税收占 GDP 比重（%）	GDP 增速（%）	税收收入增速（%）
2011	473104.05	89738.39	18.97	9.30	22.58
2012	518942.11	100614.28	19.39	7.80	12.12
2013	595244	110530	18.57	7.70	9.85
2014	643974	119175.31	18.51	8.19	7.82
2015	689052	124922.20	18.13	6.99	4.82

数据来源：1994—2012 年数据来源于《中国统计年鉴》，2013—2015 年数据来源于财政部和统计局发布的数据，税收增速和税收占 GDP 比重为根据以上数据计算得出。

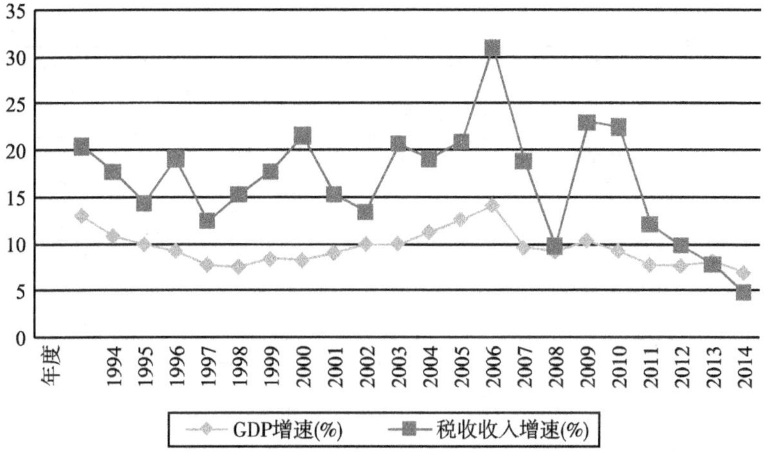

图 6－1　我国税收增速和 GDP 增速

6.1.2　税制结构不均衡，间接税占比过高

当前我国税制中最为突出的一个问题就是税制结构不均衡，间接税比重过高而直接税比重过低。尽管自从 2004 年以来我国不断进行税收结构的调整，但都未能从根本上改变和调整税制结构，间接税和直接税结构比例失调及税种设置不完善等问题依然存在。我国这种以间接税为主的税制结构限制了税收调节功能的发挥，不利于税收公平和收入分配调整；此外，还垫高了商品和服务的价格水平，不利于政府在控制物价方面的努力。

6.1.2.1　税种概况

我国现行税制共设有18个税种，按照国际惯例和其征税对象大致可分为4个类别：货物和劳务税、所得税、财产税和其他税收（见表6-2）。①

表6-2　　　　中国税制一览表

税类	序号	税种	税率	征收机关		收入归属	
				国税	地税	中央	地方
货物和劳务税	1	增值税	0%，13%，17%	√		√	√
	2	消费税	定率或定额征收	√		100%	
	3	关税	0%～270%	海关		100%	
	4	车辆购置税	10%	√		√	
所得税	5	企业所得税	15%，20%，25%	√	√	√	√
	6	个人所得税	七级超额累进3%～45%	√	√	√	√
	7	土地增值税	30%，40%，50%，60%		√		√
财产税	8	资源税	从量或从价	√	√	√	√
	9	城镇土地使用税	定额征收		√		100%
	10	耕地占用税	定额征收		√		100%
	11	契税	3%，5%		√		100%
	12	房产税	1.2%，12%		√		100%
	13	车船税	定额征收		√		100%
	14	船舶吨税	定额征收	海关		100%	
其他税收	15	城市维护建设税	1%，5%，7%	√	√	√	√
	16	印花税	比例或定额税率	√	√	√	√
	17	烟叶税	20%		√		√
	18	环境保护税	根据具体税目和污染当量等适用具体税额		√		√

① 参考：刘佐．中国税制概览［M］．北京：经济科学出版社，2013.

6.1.2.2　税种分类及收入情况

表 6－3　　2016 年我国税收收入结构分析　　单位：亿元

类别	税种	金额	占总收入比重
间接税	国内增值税	40712.08	31.23%
	国内消费税	10217.23	7.84%
	进口货物增值税、消费税	12784.59	9.81%
	出口货物退增值税、消费税	－12154.48	－9.32%
	营业税	11501.88	8.82%
	城市维护建设税	4033.60	3.09%
	印花税	2209.37	1.69%
	资源税	950.83	0.73%
	烟叶税	130.54	0.10%
	关税	2603.75	2.00%
	间接税收入合计	72989.39	55.99%
直接税	企业所得税	28851.36	22.13%
	个人所得税	10088.98	7.74%
	房产税	2220.91	1.70%
	城镇土地使用税	2255.74	1.73%
	土地增值税	4212.19	3.23%
	车船税	682.68	0.52%
	船舶吨税	48.02	0.04%
	车辆购置税	2674.16	2.05%
	耕地占用税	2028.89	1.56%
	契税	4300.00	3.30%
	国家其他税收收入	8.41	0.01%
	直接税收入合计	57371.34	44.01%
全国总税收收入		130360.73	100%

数据来源：财政部网站，2016 年全国一般公共预算收入决算表。

税种有多种分类方法，最为常见的是根据税负是否可转嫁，来划分为直接税和间接税。虽然自2004年以来，我国不断调整税收结构，采取各项改革措施，如全面取消农业税、统一内外资所得税、提高个人所得税起征点等。这些方案对我国的税制结构起到了一定优化作用，但始终没能根本上改变间接税、直接税结构失衡的问题。①

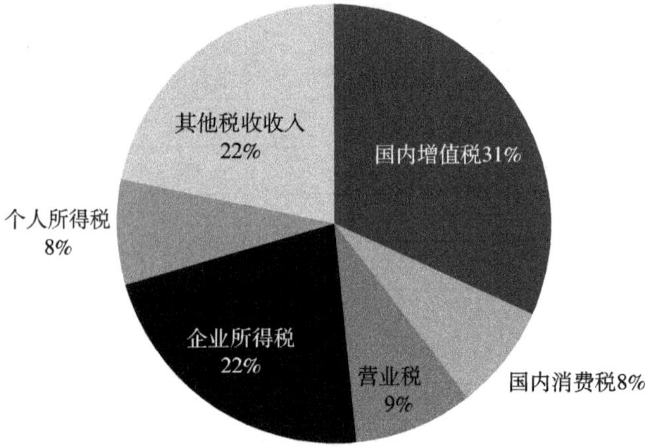

图6－2　2016年我国税收组成

从表6－3可以看出，我国间接税比重超过55%，超过直接税的比重。从图6－3中可以看出，近年来我国间接税比重有所降低，直接税比重也有一定波动，但间接税比重始终高于直接税。

① 直接税和间接税的税种划分向来都存在争议（特别是我国的土地增值税、车辆购置税、船舶吨税、印花税、资源税和烟叶税）。如果按照直接税和间接税的一般特征（即直接税以所得和财产为课税对象，税负不易转嫁，间接税以货物或劳务的交易为课税对象，税负易于转嫁），则土地增值税由于是对纳税人转让房地产取得的收入减除相关成本、费用、税金等扣除项目后的余额征税，应属于所得税类；车辆购置税实际上是对获取车辆这种动产的所有权的课税，其性质与对转移不动产权属的承受方征收的契税类似，税负不易转嫁，因而应属于财产税船舶吨税是对在华外国船舶/外商租用或中外合营企业使用的中国船舶征收，与车船税性质相似（且凡是缴纳船舶吨税的船舶可免征车船税），税负不易转嫁，因而也应属于财产税；印花税是对书立/领受规定的经济凭证的单位和个人征收，属于对经济交易的征税，国际上通常将其归入间接税；资源税是对开采或生产应税自然资源的单位和个人征收，烟叶税以收购单位为纳税人，这些税种的税负都易于转嫁，因而也属于间接税。

表 6－4　　2007—2016 年间接税和直接税变化情况　　单位：亿元

类别	税种	2016 年	2013 年	2010 年	2007 年
间接税	金额	72989.39	62343.35	46937.48	29937.3
	比重	55.99%	61.96%	64.11%	65.62%
直接税	金额	57371.34	38574.44	26817.47	17689.98
	比重	44.01%	38.34%	36.63%	38.78%
全国总税收收入		130360.73	100614.3	73210.79	45621.97

数据来源：根据历年《中国统计年鉴》计算得出。

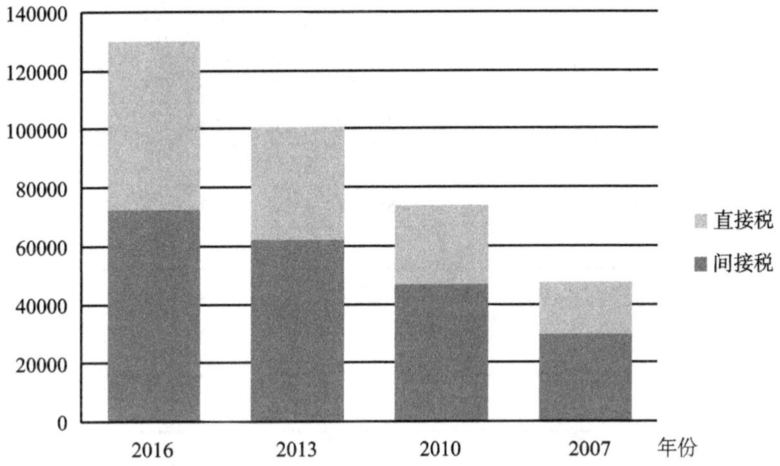

图 6－3　2007—2016 年间接税和直接税变化情况

表 6－5 及图 6－4 给出了排前 5 位的税种自 2007 年以来的金额和比重变化情况。可以看到，份额最大的依次为增值税、企业所得税、营业税、消费税和个人所得税，且这几种税的比重和地位也基本稳定。

从单个税种看，国内增值税的占比减幅最大，从 2007 年的 33.9% 降为 2016 年的 31.23%，但依然保持第一大税种的地位。

企业所得税所占比重 2007 年为 19.2%，2016 年为 22.13%，提高了接近 3 个百分点，保持第 2 的位置。

税收收入占第 3 位的是营业税，由于营改增的全面推开，由 2007 年的 14.4% 下降到 2016 年的 8.82% 左右。

收入占第 4 位的为消费税，其所占比重为 7.84%，较之 2007 年的

4.8%有较大增长，这也反映了居民消费有较为明显的上升。

个人所得税在2012年排名第5位，其比重从2007年的6.9%增高到了2016年的7.74%。

表6-5　2007—2016年排名前5位的税收收入变化情况　单位：亿元

税种		2016年	2013年	2010年	2007年
国内增值税	金额	40712.08	26415.51	21093.48	15470.23
	比重	31.23%	26.25%	28.81%	33.91%
国内消费税	金额	10217.23	7875.58	6071.55	2206.83
	比重	7.84%	7.83%	8.29%	4.84%
营业税	金额	11501.88	15747.64	11157.91	6582.17
	比重	8.82%	15.65%	15.24%	14.43%
企业所得税	金额	28851.36	19654.53	12843.54	8779.25
	比重	22.13%	19.53%	17.54%	19.24%
个人所得税	金额	10088.98	5820.28	4837.27	3185.58
	比重	7.74%	5.78%	6.61%	6.98%

数据来源：根据历年《中国统计年鉴》数据计算。

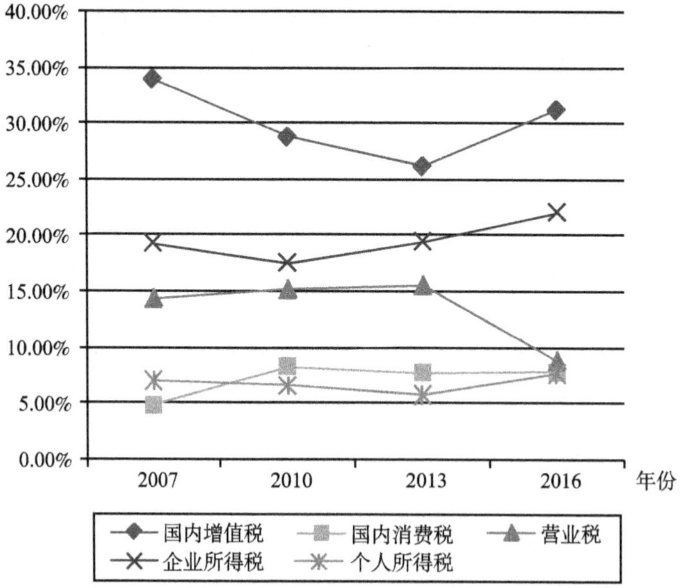

图6-4　2007—2016年排名前5位的税收收入变化情况

总体来看，我国税制结构虽然仍存在着间接税占比过大、结构不够均衡等问题，但这种状况与我国经济发展水平和阶段相适应，有一定的合理性和必然性，并且能够高效稳定运行，有利于满足财政支出的需要，发挥积极作用。但是，随着经济社会的不断发展，对税收职能和税制结构提出了新的要求。实际上，间接税和直接税比例失衡是对我国税制结构的一致认识。党的十八大报告也明确指出要逐步提高直接税的比重，可见，在今后一段时间内，我国税制改革的重点在于对税制结构的改革调整。

6.1.2.3 以间接税为主体的原因及影响

间接税与直接税的性质不同，因此也有不同的特点，适合不同的国家及其经济发展情况。总体来看，间接税的特点主要有：

(1) 征税对象普遍。间接税几乎可针对所有的商品或劳务征收，商品、劳务只要售出了，不管是否有盈利和盈利高低，政府都可以获得收入。正因为如此，课征间接税是有利于政府收入增长的。

(2) 间接税易于进行税收转嫁。虽然很多间接税名义上是对生产者征收，但实际上很大一部分的税负最终由消费者承担。因此，间接税客观上能够起到鼓励储蓄和抑制消费的作用。

(3) 间接税的征管成本相对较低。间接税一般采用比例税率且可以不用考虑纳税人的具体情况，征收和管理都比较简便易行。

较为普遍的看法是直接税比较适合经济发展水平较高的国家，而间接税比较适合经济发展水平较低的国家。这与它们各自的特点是相关的，具体来说是因为：

一是间接税对于竞争产生的不利影响相对较小。一方面，课征间接税虽然会垫高商品劳务的价格，但由于发展中国家的市场竞争程度较弱，因此受到的影响相对较小；另一方面，由于间接税易于转嫁，课征间接税还可以起到刺激经济发展的作用。

二是发展中国家居民收入水平相对较低，直接税的税源有限，难以满足财政需要；而间接税具有税基广泛、征收及时、来源可靠以及隐蔽性等特点，能够有效保证国家财政收入需求。

三是发展中国家的税收征管水平相对较低，因此间接税易于监管和征收的特点有利于高效地筹集税收收入。

正因为如此，为了迅速发展经济，提高财政支出能力，我国的税制结构选择以间接税为主体，这样可以有效提高财政筹集收入的能力并且能加快资本积累。我国是一个中央集权度较高的国家，间接税为主体的税制能够快速积累财政资金，提高中央政府宏观统筹调控能力，对大量的公共支出提供足够的财力保障。

一般认为，间接税具有累退性，而直接税有累进性，也就是说更有利于公平。随着经济的不断发展，我国间接税占主体的税制结构所产生的消极影响也日渐突显出来：

首先是税收体系的累退性的特征较为突出。由于间接税占主体，使中高收入者边际消费比低收入者的要低，造成了低收入者税负比高收入者的要高（税负 = 税收/可支配收入），这是非常不利于公平的，尤其在我国贫富差距进一步拉大的背景下，这个问题更加突出。

其次是不利于税收发挥稳定经济的调节作用。一般来说，直接税更有利于发挥“稳定器”的自动调节作用，经济繁荣时税收收入较高可以起到抑制过热作用，经济低迷时自动减少，可以促进经济恢复。而对于间接税，在通货紧缩或企业亏损时，如果再减免间接税，可能会导致物价进一步下降，对于通货紧缩问题是雪上加霜，不利于税收起到刺激经济增长的作用。

此外间接税的调节收入分配不公的功能相对直接税较差，也就是说间接税的比重越高，整个税收体系对收入分配的差距调节起到的作用越小。

6.1.3 地方税体系不健全，主体税种缺失

1994 年的分税制改革，明确了中央和地方的税收划分，初步建立了地方税体系。1994 年与 2009 年中央和地方间税种划分情况见表 6－6。

表 6－6　　1994 年与 2009 年中央和地方间税种划分情况

年份	中央税	地方税	共享税
1994	关税、消费税	营业税、个人所得税、城镇土地使用税、房产税、城市房地产税、资源税、耕地占用税、固定资产投资方向调节税、土地增值税、车船税、车船使用牌照税、契税、屠宰税、筵席税、农业税、牧业税、城市维护建设税	增值税、企业所得税、外商投资企业和外国企业所得税、印花税
2009	关税、消费税、车辆购置税、船舶吨税	营业税、城镇土地使用税、房产税、资源税、耕地占用税、固定资产投资方向调节税、土地增值税、车船税、契税、烟叶税、城市维护建设税	增值税、企业所得税、个人所得税、印花税

资料来源：汤贡亮．税收理论与政策［M］．北京：经济科学出版社，2012.

这种划分格局满足了政府的收入需求，促进了经济的快速发展。然而，随着经济形势的不断变化，地方税产生了很多问题，尤其是近来营改增的推进，使地方政府的收入大幅度减少。当前地方税体系建设问题成为政府和社会广为关注，且急需改革的问题。突出问题包括地方税体系不健全、主体税种缺失等。

6.1.3.1 地方税系庞杂，地方政府缺乏主体税种

由表6－6可以看出，在考虑共享税的情况下，虽然地方税总共包含14个税种，占全国现行17个税种的绝大部分，但很多税种筹集的规模较小，税源零散。地方税体系庞杂，并存在一定的征管难度。

从主要税种来看，表6－7及图6－5给出了2002—2016年地方税的前三大税种的金额和比重，分别为营业税、企业所得税和增值税，注意到这三种税都是央地共享税，并且这三大税种占地方税收的比重平均达63%左右。特别是营业税，其比重一直高于30%，占地方税的1/3强，是地方第一大主体税种，这种大量央地共享的税收格局不利于地方财政的稳定性，而且随着营改增的全面推开，地方税体系立即面临着缺乏主体税种的问题。

表6－7　2002—2016年地方各项税收排前3的项目　单位：亿元

年份	类别	增值税	营业税	企业所得税	总计
2016年	金额	18762.61	10168.8	10135.58	39066.99
	比重	29.00%	15.72%	15.67%	60.39%
2015年	金额	10112.52	19162.11	9493.79	38768.42
	比重	16.14%	30.58%	15.15%	61.87%
2014年	金额	9752.33	17712.79	8828.64	36293.76
	比重	16.49%	29.95%	14.93%	61.37%
2013年	金额	8276.32	17154.58	7983.34	33414.24
	比重	15.36%	31.83%	14.81%	62.00%
2012年	金额	6737.16	15542.91	7571.6	29851.67
	比重	14.24%	32.85%	16.00%	63.09%
2011年	金额	5989.25	13504.44	6746.29	26239.98
	比重	14.57%	32.85%	16.41%	63.83%
2010年	金额	5196.27	11004.57	5048.37	21249.21
	比重	15.89%	33.65%	15.44%	64.98%

续表

年份	类别	增值税	营业税	企业所得税	总计
2009 年	金额	4565. 26	8846. 88	3917. 75	17329. 89
	比重	17. 45%	33. 82%	14. 98%	66. 25%
2007 年	金额	3867. 62	6379. 51	3132. 28	13379. 41
	比重	20. 09%	33. 14%	16. 27%	69. 50%
2006 年	金额	3196. 38	4968. 17	2681. 14	10845. 69
	比重	20. 99%	32. 62%	17. 61%	71. 22%
2005 年	金额	2644. 22	4102. 82	2139. 89	8886. 93
	比重	20. 78%	32. 24%	16. 81%	69. 83%
2004 年	金额	2204. 43	3470. 98	1596	7271. 41
	比重	22. 05%	34. 71%	15. 96%	72. 72%
2003 年	金额	1810. 99	2767. 56	1178. 8	5757. 35
	比重	21. 53%	32. 90%	14. 01%	68. 44%
2002 年	金额	1547. 38	2295. 03	1200. 58	5042. 99
	比重	20. 89%	30. 99%	16. 21%	68. 09%

注：比重是指各项税收占地方税收收入的比重。

资料来源：历年《中国统计年鉴》。

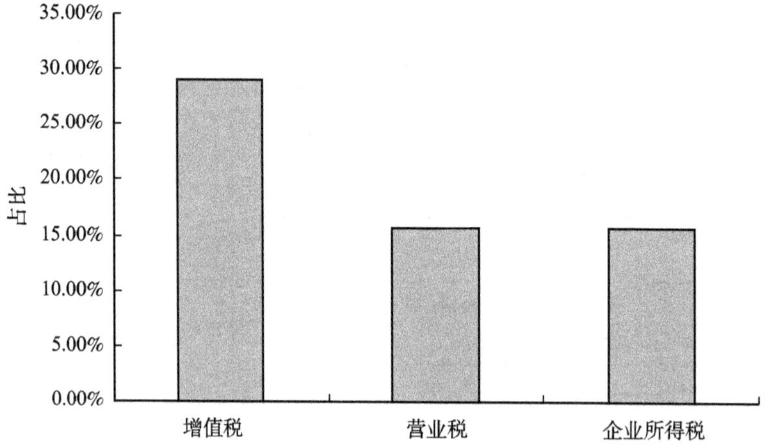

图 6－5　2016 年地方各项税收排前 3 的项目

6.1.3.2　地方政府收入规模有限，财权与事权不匹配

1994 年分税制改革以来，中央政府的财力不断上升，控制能力得到增强，但也随之出现了“财权层层上移，事权层层下移”的问题。2016 年中

央政府和地方政府的收入占比为45.3∶53.7，而中央政府和地方政府的财政支出占比为14.6∶85.4。由图6－6和图6－7可以明显看到，近年来中央和地方收入比重相差无几，但自20世纪80年代中期以后中央和地方支出比重的两极分化愈加明显，地方支出压力越来越大，而中央的支出则持续减少。中央和地方的财权与事权不匹配现象愈演愈烈，地方政府财力得不到满足，已经产生了诸多问题，如乱收费、土地财政、地方债膨胀等。

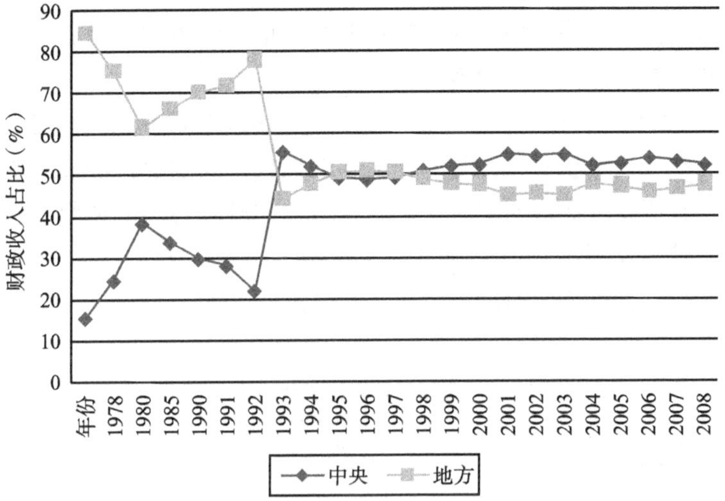

图6－6　我国历年中央和地方财政收入占比变化情况

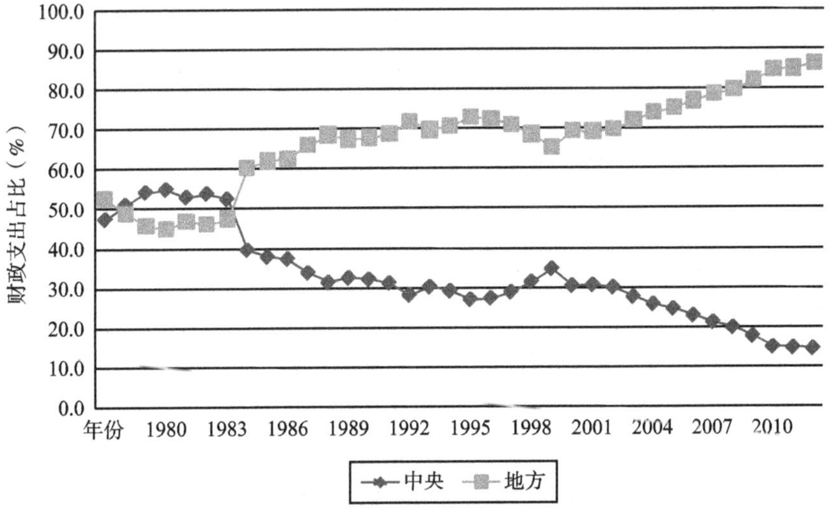

图6－7　我国历年中央和地方财政支出占比

6.1.3.3　地方税权有限，税制划分缺乏效率思考

1994 年税制改革后，中央政府统一管理税权，地方政府没有确定税收收益权以及个案减免税额的权力。这次改革后地方政府对税政的管理权及其有限，只保留了指定范围内有限的税率选择权，如营业税、车船税；以及部分税种减免税权，如民族自治地区的企业所得税的地方分享部分、困难户的房产税减免等。这些税种减免税权、税率税额调整权以及实施细则制定权，覆盖涉及的税种的筹资能力很有限，都不是主体税种。这不利于地方政府发挥主观能动性，因地制宜做好本辖区的税收管理和经济调节工作，也和世界大部分国家的情况相去甚远。

表6－8 给出了我国税收立法权的划分，我国税收立法权包括：①税法制定、颁布、废止权；②税种的开征和停征权；③制定税法实施细则的权力；④税收法律、法规的解释权；⑤税目的增减和税率的调整权；⑥税收的加征和减免权等。从表6－8 中可见，我国的税收立法权主要集中在全国人大和国务院，地方政府的权限极其有限。

表6－8　　我国税收立法权划分

类型	①＋②	③＋④	⑤＋⑥
中央税、共享税	全国人大及其常委会	国务院	国务院税务主管部门（主要是财政部和国家税务总局）
全国统一实行的地方主体税种	全国人大及其常委会	国务院	省级人民政府
零星地方税种	省级人大及其常委员	省级人民政府	省级人民政府主管的具体税务部门

资料来源：胡学勤．论税收立法权的划分及立法体制的改革［J］．涉外税务，2003（10）．

尽管名义上地方政府的税权及其有限，但实际情况中，我国税收立法权还存在着“形式集中，实质分散”的怪现象。[①] 由于地方政府对辖区的经济社会情况更为了解，因此参与度不可避免地更深。实际上，中央向地方政府下放一定的税权，由于中央政府具有绝对优势，并有最终“规则制

① 体现在虽然地方没有税收方面的减免权限，但可以通过“财政返还”等形式给予企业优惠政策，另外还通过收费、基金等形式享有实质上的“税负决定权”。

定权”，因此并不会造成地方政府对“税权”的滥用，影响中央政府的宏观调控能力。而实际上，这种“形式集中，实质分散”现象的存在正是中央与地方的税权关系没有理顺的后果，如果赋予地方政府合理的权限，反而赋予税收在不同地区不同问题上的灵活性，不会造成税权滥用问题。

1994 年分税制改革更多考虑的是如何提高中央财政收入和能力，对地方税的效率安排问题考虑较少。对于税种、税权的划分，更多考虑的是财力分配的需要，而不是依据税种自身的特性和效率。例如，将各银行总行、铁道部门和各保险总公司缴纳的营业税和城市维护建设税归为中央财政收入，这种做法明显是不利于“受益原则”的。

地方税的大部分税种，除营业税外，如房产税、印花税等，都存在着设计陈旧、税率低、课税范围狭窄以及税收弹性差等问题，筹集的资金较少，且管理成本较高。历年来的税制改革和调整主要针对的是流转税（如 2006 年消费税调整和 2008 年增值税转型）以及所得税（如 2002 年的分享改革和 2008 年的“两税合并”）；而对于地方税种的改革却一直停滞不前，未给予应有的重视，已经不适应我国经济社会发展的新环境、新形势。

6.1.3.4　地方税设计不利于缩小地区差异，不利于发展方式转变

由于三大税种营业税、增值税和企业所得税的收入主要来源于工商企业，也就是说工商业更为发达的东南沿海地区能够获得高于平均水平的税收，而工商业欠发达的以农业主的中西部地区省份能够获得的税收收入相对较低，进一步加剧了地区间的财力差距，不利于横向公平。图 6－6 表明，我国各省税收收入规模变异系数处于增加的趋势，由分税制改革之初的 0.8 左右，上升到了 1.05，可见地区间的财力差距呈增大态势。

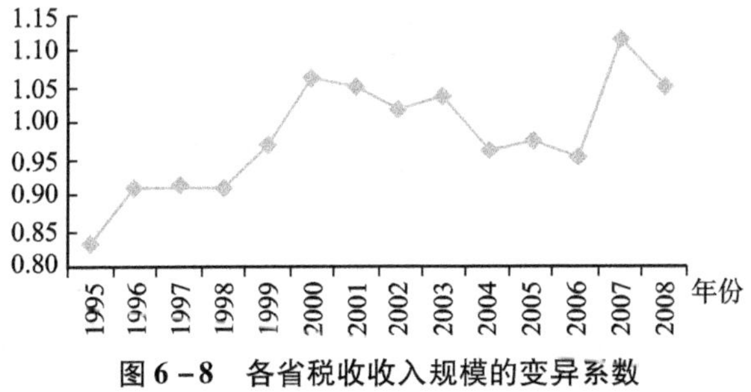

图 6－8　各省税收收入规模的变异系数

资料来源：吕冰洋．税收分权研究［M］．北京：中国人民大学出版社，2011.

从主要税种来看，由于增值税与GDP联系密切，因此这种税收划分格局易于助长地方政府的投资冲动，强化企业化行为，锁定粗放式增长模式。对于营业税来说，由于来自于房地产行业的收入比例较大，因此地方政府乐于看到房地产行业的繁荣，不利于房价调控政策的落实。

此外，这些税种的纳税人都是企业，而不是居民个人。地方政府依赖GDP和经济增长获得更多收入，因此会更多地为企业而非居民提供公共服务。外延型的投资扩张有助于地方政府获得更多的税收收入，因此现行地方税体系的利益格局不利于发展方式的转变。

6.2 税制结构改革路径设计

针对前文中对于税制结构的介绍，本节在介绍总结不同类型国家税制结构的基础上，结合税收超额负担的计算结果，设计测算我国的税制结构改革方案。

6.2.1 税制结构的国际比较

世界各国税制结构发展的实践，为我国推进税制改革、优化税制结构提供了可贵的现实经验。下面我们分发达国家、转型国家和发展中国家分别介绍其税制结构的变迁和发展。①

6.2.1.1 发达国家的税制结构

表6-9给出了经济合作与发展组织（OECD）国家的税制结构组成和变迁情况。总体来看，发达国家自20世纪70年代以来税制结构变化不大，都是以直接税为主体（特别是个人所得税和社会保障税的占比较高）。

表6-9　OECD国家税制结构变迁　单位：%

税种	1971年	1981年	1991年	2001年	2011年
所得税	36.76	38.12	35.86	34.64	33.52
个人所得税	29.28	31.17	27.69	25.79	24.09
公司所得税	8.00	7.60	8.09	8.94	8.74
社会保障税	20.44	22.16	23.26	25.30	26.23

① 本节参考国家税务总局课题组．借鉴国际经验进一步优化中国中长期税制结构［J］．财政研究，2009（5）．

续表

税种	1971年	1981年	1991年	2001年	2011年
工薪税	1.08	1.23	1.47	1.00	1.10
财产税	7.15	5.33	5.45	5.40	5.43
货物和劳务税	34.34	32.53	32.67	32.74	32.88
增值税*	7.92	10.67	15.85	18.98	19.13

注：*美国为销售税。

数据来源：OECD. Revenue statistics，1965—2011.

由表6－9可以看出，2011年OECD国家的直接税收入（包括所得税、工薪税、社会保障税和财产税）占总税收的比重平均达66.28%。这其中，以所得作为税基的三个税种——社会保障税、公司所得税和个人所得税之和占总税收收入的比重接近60%。而这些发达国家的税收结构中，主要为货物和劳务税的间接税在2011年所占的比重平均仅为32.88%。

6.2.1.2　转型经济国家的税制结构

苏联、东欧等国在20世纪末期进行了规模巨大的经济体制改革，与之相适应财税体系也进行了根本性的改革。

（1）转型初期的特点

在经济转型之初（20世纪八九十年代），这些国家税制改革后的税制结构特点为：

一是总体格局中，所得税和社会保障税的比重一般均超过货物和劳务税，两者比例约为60∶40。

二是在主体税种的选择上，税收收入的90%以上来自五大税种，即个人所得税、社会保障税、公司所得税、消费税和增值税。

（2）转型国家近年的特点

转型初期，这些国家所建立的税制体系导致了税收收入的下降或较大波动。因此，20世纪90年代之后，大部分转型经济国家推出了新一轮的税制改革。具体包括：

①在税制总体结构的布局上，货物和劳务税等间接税的比例和地位明显提高，而所得税等直接税的地位有所弱化。

②转型国家税收的约90%仍为五大主要税种，但这5大税种的结构地位变化较大：个人所得税所占比重略有上升；公司所得税所占比重大幅下

降；国内增值税和消费税的比重有所提高；而社会保障税比重变化不大。

（3）经济转型国家税制改革方向

随着经济全球化趋势的推进，转型国家税制结构也随着世界税制改革的方向不断改革和调整。

首先，随着增值税等货物和劳务税比重的不断提高，很多转型国家的税制结构由直接税为主体逐步转变为间接税与直接税并重的格局，从而在提高税收收入的稳定性的同时，减小税收对资源配置的扭曲。

其次，转型国家对税制改革取向的原则更倾向于“效率”，很多转型国家采取“低税率，宽税基、简税制”的改革原则。例如，很多转型国家实行的是效率优先的单一税制。2007 年，世界上有 19 个国家、3 个地区实行个人所得税单一税率，这其中转型国家就有 12 个。

6.2.1.3　发展中国家的税制结构

从世界范围来看，发展中国家税制结构仍以间接税为主体，从主体税种看，一般来说增值税是发展中国家规模最大的单个税种，并且其占比不断上升。20 世纪 70 年代发展中国家国内货物和劳务税比重约为 25.2%，到 2000 年上升到了约 40.1%。

对于所得税来说，尽管它也是发展中国家的重要税种，但其比重并没有显著提高。甚至由于不断降低税率，在 20 世纪 70 年代到 90 年代所得税在税收总收入中的比重还稍有下降。不过长期来看，随着生产力的发展、居民收入水平提高以及税收管理水平的上升，发展中国家的所得税收入将不断上升，且出于对社会公平的考虑，发展中国家的政策选择也会逐渐趋向直接税与间接税并重。

6.2.1.4　国际经验总结

根据对发达国家、转型国家和发展中国家的税制结构及变迁的分析比较，我们可以总结出如下经验：

一方面，税制结构的选择和实践直接受一国的经济发展水平和阶段影响，一般来说经济发达国家的直接税的税源较为丰裕，税制体系更为注重“公平”，大部分为直接税占主体；发展中国家的税收体系主要注重“效率”，且直接税的税基较小，因此一般为间接税占主体。

另一方面，随着全球社会生产力的不断提高和经济全球化的发展，各国税制呈现了一定的趋同现象，很多经济体的税制结构趋向于“双主体”结构。此外，对于发展中国家来说，提高直接税比重是一个必然趋势，但是要注意需要综合考虑征管能力和财政稳定性等问题，逐步推进，保证财税体系的平稳健康运行。

6.2.2 基于超额负担的税制结构改革路径设计

根据第5章的计算结果，我国直接税的超额负担为正的463百万美元，间接税的超额负担为负的378百万美元，这就意味着对直接税增税1%会给社会总体福利带来463百万美元的收益，而对间接税增税1%会对社会总体福利造成378百万美元的损失。

从国际比较情况来看，在本模型中将直接税税率提高1%后，间接税占主体的中国和巴西整体福利分别增加约4.6亿美元和1.1亿美元；间接税、直接税双主体的韩国整体福利增加约4.4亿美元；直接税占主体的美国和澳大利亚整体福利分别减少约8亿美元和0.4亿美元。从间接税税率提高1%对福利的影响看，各国福利均减少，美国减少最多，约为31亿美元，韩国减少最小，约为2亿美元。可见，对间接税占主体或直接税间接税双主体的国家适度提高直接税有助于提高资源配置效率，从而调整间接税和直接税的比重有助于提高其配置效率。

由此可见，对我国这种间接税占主体的国家适度提高直接税有助于提高资源配置效率，调整间接税和直接税的比重有助于促进资源更为有效的配置和社会总体福利的提高。

这一结论对我国的税制改革实践具有重要意义。《中共中央关于全面深化改革若干重大问题的决定》在“深化财税体制改革”的部分更是明确提出要“逐步提高直接税的比重”和“稳定税负”，这就意味着当前我国税制改革的方向就是要调整税制结构，逐步提高直接税的比重，降低间接税的比重。

我国目前仍处于发展中国家行列，税制结构仍是以间接税为主。为与上文所述其他国家税制结构进行比较，本书根据历年《中国税务年鉴》和《中国财政年鉴》的数据，按照国际通行税收分类方法将中国各类税收整理分类为所得税、财产税、劳务税和其他税，具体情况见表6-10。由表6-10可知，近年来包含所得税和财产税的直接税虽然呈上升趋势，但比重均不足30%，而以增值税和营业税为主的间接税均在70%左右浮动。可见我国间接税比重很大，且存在一定的结构刚性。根据上文测算可知，间接税超额负担为负值，直接税超额负担为正值，间接税的超额负担较大，因此，在中国推行以降低间接税为主的结构性减税有助于社会福利的提高。

表 6 – 10　　近年中国各类税收结构①

年份	所得税	财产税	货劳税	其他税	占 GDP 比重
2007	29.50%	1.59%	63.34%	5.58%	15.01%
2008	31.70%	1.75%	63.75%	2.79%	14.71%
2009	30.30%	1.94%	66.01%	1.76%	14.64%
2010	29.37%	1.89%	67.02%	1.73%	14.58%
2011	31.39%	1.93%	65.25%	1.43%	14.86%
2012	31.43%	2.18%	65.17%	1.22%	15.00%
2013	32.48%	2.31%	63.82%	1.40%	14.98%
2014	33.24%	2.48%	62.68%	1.60%	14.96%
2015	33.93%	2.53%	60.28%	3.27%	15.29%
2016	35.70%	2.66%	59.62%	2.03%	14.67%

资料来源：根据国家统计局网站数据计算。

为反映减税产生的实际经济效应，本书仍利用 GTAP 模型测试减税对价格和需求的影响。模拟方案设计的首要任务是确定减税的规模，即应该减多少税。2013 年底中央经济工作会议建议 2014 年财政赤字的规模为 1.3 万亿元，包括减税和增支。借鉴高培勇（2012）的推算方法，② 本书以 1.3 万亿元的一半左右，即 0.6 万亿元作为结构性减税的规模。

根据中国社会科学院财政与贸易经济研究所课题组测算，按标准税率，每降低 1 个百分点约减少税款 2000 余亿元人民币，如果调降 2 个百分点，再加上交易税附加、城市维护建设税等可达到 6000 亿元左右的降幅③。因此本书设定两个降低税收超额负担的减税方案。

方案一：全部税率降低 2%，测试该方案对我国经济各变量的影响。

方案二：根据上文测算结果，我国间接税超额负担较大，由于我国间接税约占 74%，故简单定为将企业所得税和个人所得税之外的所有间接税税率降低 3%。

① 所得税包含个人所得税和公司所得税，财产税包含房产税、车船税，货劳税包含增值税、营业税、消费税和关税，其他税主要包括印花税等。

② 高培勇．多重目标宏观经济政策布局下的中国结构性减税［J］．中国市场，2013（2）．

③ 中国社会科学院财政与贸易经济研究所课题组．“十二五”时期的财政收支规模［J］．经济研究参考，2011（3）．

税率降低将导致相对价格的变化及经济主体的反应，进而影响各行业的供给价格、消费价格、需求量，从而影响社会总体福利变化。在 GTAP 模型中，经过外部冲击，即税率变化后，得到的各行业价格、需求及社会总福利变动，见表 6－11。

表 6－11　　减税政策的福利收益及对各行业的影响　　单位：亿美元

方案	行业	供给价格（%）	消费价格（%）	总需求量（%）	国产品需求量（%）	进口品需求量（%）	总福利收益
方案一	农业	－1.49	－3.5	0.92	0.92	2.47	20.8
	工业	－1.67	－3.75	1.12	1.11	1.65	
	服务业	－1.55	－3.64	1.41	1.39	1.94	
方案二	农业	－2.57	－5.49	1.41	1.4	2.64	27.1
	工业	－2.68	－5.61	1.65	1.63	2.34	
	服务业	－2.65	－5.57	2.11	2.09	2.59	

注：模型计算结果。

首先，税率降低对价格有较大的平抑作用。在方案一即全部税率降低 2% 时，第一、第二和第三产业的供给价格即生产者价格分别下降 1.49%，1.67% 和 1.55%；消费价格分别下降 3.5%、3.75% 和 3.64%，可见各部门产品价格随着税率下调都有降低，而且消费者价格相对于生产者价格对税率的降低更敏感，其变化幅度约为后者的 1 倍，这主要是因为我国的税收以间接税为主，商品的税负中消费者负担的比重更高，因此消费者价格在税率降低时下降得更多。方案二的价格也都呈下降趋势，且幅度比方案一更大。

其次，降税能全面提高包括国产品和进口品在内的需求。在方案一中，第一、第二和第三产业的总需求量分别增加 0.92%，1.12% 和 1.41%；国产品需求量分别增加 0.92%、1.11% 和 1.39%；进口品需求量分别增加 2.47%，1.65% 和 1.94%。当间接税税率降低 3% 时，需求量的增长幅度与方案一时的变化方向相同，且幅度更大。可见减税，特别是对间接税减税能够对我国的消费需求有明显的促进作用，在当前需求不足、储蓄过度的背景下，结构性减税政策正当其时，不失为稳增长扩内需的有效调控手段。

此外，两种方案都能增加社会总体福利，全面减税政策的福利增加约为20.8亿美元，减间接税政策的福利增加约为27.1亿美元。可见针对间接税的结构性减税政策的效果全面优于一揽子减税政策。因此，应推行降低间接税为主的结构性减税政策，这可促进我国税制均衡，符合稳物价、调结构的宏观调控目标。

6.3 地方税体系改革路径设计

6.3.1 地方税体系的国际比较

地方税体系建设是一个世界性的问题，一般可按集权和分权的程度来划分地方税制度体系的类型。Norregaar（1997）根据地方政府的税权自主程度分类，将各种形式的税收分权归为三大类：税权集中型、适度分权型、税权分散型，见表6-12。本书分别选择代表性国家日本、法国和美国进行介绍。

表6-12　　税收分权形式分类

税权自主程度	税收立法权	税收征管权	税收收益权
税权分散	下级政府决定税基和税率	下级政府拥有税收管理权和征税权	下级政府获得所有收入
适度分权	中央政府设定税基，但是税率由地方政府确定，中央政府确定税率的上限或下限。或者中央政府和下级政府针对同一税基征税，但是下级政府可以调整税率	下级政府拥有管理权和征税权	下级政府获得所有收入
税权集中	中央政府设定税基和税率	中央政府拥有管理权和征税权	中央政府和下级政府根据一定规则（例如人口、财政支出需要等）分享税收收入

资料来源：Norregaard J. Tax Assignment [M]. Fiscal Federalism in Theory and Practice. International Monetary Fund，Washington DC，1997：52.

6.3.1.1 日本的地方税制

日本是实行中央集权制的单一制国家，其地方税体系是集权、分权相结合的适度分权模式。

(1) 税权划分情况

中央与地方税划分由国会负责，但地方可在许可范围内制订具体的条例和细则。当地方政府出现入不敷出的情况时，可以在中央政府批准的前提下开征法定税种以外的普通税。日本的三级政府都设有独立的税务机构，各自征收本级税收。

(2) 中央与地方税种的划分

日本地方税种的划分主要是考虑受益原则，按照税种和税源性质在中央和地方间划分。日本的地方税有两级：都道府县税和市町村税。日本共有 59 种税，其中属于都道府县税的有 15 种，属于市町村税的有 17 种。都道府县税种主要包括都（道、府、县）法人税、居民税和不动产税等；市町村税种主要包括市（町、村）法人税、居民税、事业所税、固定资产税等。

(3) 地方主体税种的设立情况

日本各级政府的税制结构均为双主体结构（每一级政府都有两个主体税种），其中，都道府县税以居民税和事业税为主体，各占本级收入的 30% 和 44%；市（町、村）税以居民税和固定资产税为主体，两者分别占本级收入的 51% 和 35%。主体税种的这种选择，是考虑到居民税、事业税等税种收入稳定，受外部影响较小，因此能保证各级政府的财力稳定。

6.3.1.2 法国的地方税制

法国是典型的集权国家，税收的立法权同样也高度集中于中央。法国采用完全划分税种的做法，大宗税种都归为中央，地方税大多为零星的小税种。

(1) 税权划分情况

法国的地方税立法权集中在中央，地方政府只保有一些零星税种的执法权，仅可确定一些税率和减免税额。地方政府在中央制定的统一的征收标准规定下，可制定一些本地的具体征收办法和适用税率。

全国税收的征收都由中央统一管理，没有地方税务机关，中央税务机构在各个省级政府分设 800 多个税务中心，直接征收后再按规定拨付给地方。

（2）中央和地方税种划分情况

法国总共有50余个税种，分为中央和地方两大税系。其中，中央税的税源较大，主要包括公司所得税、个人所得税、社会保险税、消费税、增值税等；地方税种的税源较小，主要包括财产税、居住税等，在税收总额中，地方税仅占13.2%①。

（3）中央和地方间的转移支付

由于地方税收入的比重较小，一般难以满足地方政府开展地区事务的财政支出需求，因此法国实行较大规模的转移支付，以作为地方税收的补充。这种转移支付的力度较大，一般地方获得的中央补助约占地方财政总收入的25%。

6.3.1.3　美国的地方税制

美国是典型的联邦制国家，与政体相适应的，税制也实行彻底的分税制，包括联邦、州、地方三级财政。

（1）税权划分情况

美国的三级政府的税收制度和主体税种都各自独立，地方政府独立行使本级政府的税收立法权和管理权，州和地方议会都有权利在联邦宪法允许的范围内独立制定税收制度。三级政府各自设立本级的税务征管机构。

（2）中央与地方税种划分情况

美国政府间的税源共享关系较为复杂，主要税种都由三级政府共同开征、分配。公司所得税、个人所得税、消费税、工薪税、销售税等税种三级政府同时开征；遗产和赠与税（目前已停征）由州政府和联邦政府共同开征；财产税由地方政府和州政府共同开征。三级政府的税收收入比例约为64∶22∶14。政府的级别越高，税收收入也越多，保证了联邦政府拥有较为充裕的财力，可对州和地方政府进行干预和调控。

（3）地方主体税种的设置情况

美国的联邦政府以个人所得税为主体税种，占联邦税收收入的45%；州政府以销售税为主体税种，占州政府税收收入的30%以上，此外还有个人所得税等；地方政府以财产税为主体税种，占地方政府收入的80%以上。

① 来源于OECD. Revenue statistics，1965—2011，http：//stats. oecd. org/Index. aspx? DataSetCode = REV.

6.3.2 基于超额负担的地方税体系改革路径设计[①]

6.3.2.1 地方税制改革的原则

我国地方政府具有强大的资源动员能力，并实际主导了辖区内的大量经济、社会事务的建设工作。在此背景下，地方税体系改革应坚持如下三个原则。

第一，地方税收应基本满足地方政府的经常性支出需要。

由于转移支付资金的使用效率对于信息收集及传递的准确性高度依赖，而中国政府行政级次多，信息传递失真的可能性大；转移支付资金的用途可能与辖区居民期望不一致，即解决地方财力短缺不能依赖大规模的转移支付，我国的地方政府税收收入应以能基本满足地方政府的经常性支出需要为原则。

第二，地方税体系设计应有利于经济发展方式的转变。

由于我国的地方政府拥有强大的调配辖区行政和资金资源的能力，地方政府的行为模式对于宏观经济调控具有重大作用，地方税体系的设计密切关系着地方政府的切实利益，因此，地方税系设计的科学与否，对地方政府的行为影响很大。1994 分税制改革之后，增值税和营业税对地方政府产生的强烈激励以及产生的竞争就是明证。即地方税体系的设计应全面考虑其对地方政府行为的影响及其作用结果，尽量使之对经济发展方式产生良性作用。

第三，地方税体系要避免税收秩序的混乱。

辖区间的税收竞争有其积极意义，但会产生消极作用。如 20 世纪 80 年代的产品税促使地方政府鼓励辖区内发展价高税多的企业，并广泛采取地区贸易保护措施，这种情况下当时各县争相开办酒厂。当前各地区政府采用“买税”“引税”的措施进行竞争也屡见不鲜。实际上，辖区间的税收竞争是不可避免的，我们对地方税系的建设就是要尽量避免恶性的税收竞争，鼓励促进良性的税收竞争。

6.3.2.2 地方税制改革一个可能的方案——开征零售税

我国地方税体系建设要解决的一个重要问题就是要确立地方主体税种。在满足以上三个改革原则的前提下，本书结合税收超额负担的计算，

---

① 本部分参考：郭庆旺，吕冰洋．地方税系建设论纲：兼论零售税的开征［J］．税务研究，2013（11）．

吕冰洋．零售税的开征与分税制的改革［J］．财贸经济，2013（10）．

建议采纳郭庆旺、吕冰洋（2013）所设计的地方税体系建设方案，并作微调。

第一，开征零售税。

建议根据我国的经济发展水平和当前的税制结构，在借鉴整合性增值税（VIVAT）模式（Keen 和 Smith，1998）基础上，开征零售税。具体设想是：

在商品进入零售环节之后，按商品价格的 5% 征收零售税，并将零售税全部作为地方税，同时将增值税全额划为中央税。这种做法的好处至少有三点：一是将增值税全额作为中央税，地方政府就不会为了吸引税源而盲目推动扩大工业投资；二是可以缩小地区间财力差距；三是促使地方政府执政理念从为生产者服务转变到为消费者（辖区居民）服务。

第二，下调增值税标准税率。

开征零售税后，势必加重纳税人负担，对此，建议将增值税税率由 17% 降为 13% 左右。既可减轻纳税人负担，也有助于抑制地方政府刺激工业规模扩张的冲动。

根据第 5 章计算结果，对我国生产环节减税 1% 可带来 353.46 百万美元的福利收益，对消费环节减税可带来 167.86 百万美元的福利收益，可见，生产环节减税的收益远大于消费环节减税的福利收益。因此，本方案采取的在消费环节征收零售税，对生产环节降低增值税税率的调整措施，有利于促进资源的有效配置和社会总体福利的提高。

第三，适时推进居民个人住房的房产税开征。

中国共产党十八届三中全会决定里提出要适时推进房地产税改革，党的十九大报告也提出要加快建立地方税体系，李克强总理在 2018 年 3 月 5 日《政府工作报告》里进一步提出要稳妥推进房地产税立法。目前全国人大常委会预算工作委员会、财政部以及其他有关方面正在抓紧起草和完善房地产税法律草案。财政部部长肖捷在《党的十九大报告辅导读本》中谈及房地产税，要按照“立法先行、充分授权、分步推进”的原则，推进房地产税立法和实施。对工商业房地产和个人住房按照评估值征收房地产税，适当降低建设、交易环节税费负担，逐步建立完善的现代房地产税制度。长期来看，房产税具有良好的成长性和稳定性，同时也是提高直接税比重的有效手段。

第 7 章　税制结构改革方案的效应分析

我国间接税为主体的税制结构是“效率优先，兼顾公平”的税制设计原则的充分体现。无可否认，这种间接税占绝对大份额的税制结构取得了良好效果，保障了我国税收收入多年来的连续增长，成为我国财力稳定增长的源泉。然而，随着社会经济的进一步发展，以及发展阶段和发展目标的变迁，对税收制度也提出了新的要求。众多学者指出我国税制结构存在的主要问题在于间接税、直接税比例失衡的问题，当前及相当长的一段时间内的税制改革的重点都应是税制结构的调整和协调（安体富，2006；贾康，2011）。第 5 章中我们通过测算比较税收超额负担，发现我国间接税超额负担远高于直接税超额负担，推行对间接税减税的结构性减税方案对价格、需求、产出以及社会福利的影响优于无差别的减税方案。

本章我们根据前文的分析结论，分别测算在劳动力和资本要素都出清、仅劳动力要素非出清以及劳动力和资本都非出清的三种宏观闭合条件下，间接税减税 3% 对宏观经济、产业经济等方面的影响，并分别从效率、公平和财力的角度进行测度、分析税制结构改革方案的效应和影响。

7.1　税制结构改革方案的效率效应

作为一个发展中国家，效率是税制改革的一大重要原则，效率分析也是税制改革方案的重要考察点。总的来说，在当前我国经济形势下对效率的考量又可以分为四个方面：对经济增长率的影响、对产业结构的影响、对生产方式转型的影响以及对扩大内需的影响，下面我们从这四个角度进行分析。

7.1.1 对经济增长的影响

对税制改革的经济特征和经济收益的描述很重要的一个方面在于经济规模或产出的变化。根据上文描述可知，我国间接税所占比重较高，由于间接税主要作用于消费者的“支出”环节，对最终价格和居民消费会产生直接传导和较大的影响，因此对间接税减税会对居民消费价格产生较大平抑作用，从而促进消费进而拉动经济增长。

由表7－1可知，税制结构改革方案会导致名义GDP的减少，三种方案分别导致名义GDP下降了120334百万美元、100635百万美元和85685百万美元，似乎是减税对经济造成了下行压力；但从实际GDP来看，三种方案都有所增加，分别增加了2028百万美元、5185百万美元和10137百万美元，增长率分别为0.06%、0.15%和0.28%。名义GDP与实际GDP存在差距主要是因为价格变化的影响，由表7－2可以看到，对间接税减税的方案使得各行业的价格都有所下降，因此商品的总体价格水平下降，造成名义GDP小于真实GDP。从三种方案比较来看，劳动力非出清时比要素全出清能带来更大的GDP拉动，要素都非出清的宏观闭合对GDP的拉动又优于仅劳动力非出清的方案。可见，就经济增长来说，在要素都不出清，即萧条时减税方案对GDP的拉动作用更大。

表7－1　　税制结构改革方案对GDP和福利的影响　　单位：百万美元

情景	名义GDP		实际GDP		福利变化（EV）
	变化值	变化率	变化值	变化率	
情景一	－120334	－3.44%	2028.68	0.06%	10498
情景二	－100635	－2.88%	5185.38	0.15%	16743
情景三	－85685.8	－0.81%	10137.90	0.28%	25666

数据来源：模型测算结果。

表7－2　　情景一（即要素全部出清时）改革方案对经济的影响　　单位：%

行业	产出	供给价格	消费价格	总需求量	国产品需求量	进口品需求量	就业
农业	0.11	－0.73	－1.72	0.34	0.34	0.88	0.15
畜牧业	0.18	－0.74	－1.74	0.5	0.49	1.12	0.24

续表

行业	产出	供给价格	消费价格	总需求量	国产品需求量	进口品需求量	就业
采掘业	-0.2	-0.85	-1.85	0.55	0.54	1.03	-0.2
食品	0.21	-0.81	-1.8	0.46	0.44	0.74	0.2
纺织	-0.19	-0.84	-1.84	0.58	0.56	0.92	-0.19
轻工业	-0.13	-0.86	-1.86	0.66	0.63	0.92	-0.13
重工业	-0.19	-0.88	-1.88	0.69	0.63	0.86	-0.19
公共服务业	0.05	-0.87	-1.86	0.69	0.69	0.85	0.05
运输业	0.15	-0.85	-1.85	0.74	0.73	0.91	0.15
其他服务业	0.07	-0.84	-1.84	0.82	0.81	1	0.08

数据来源：模型测算结果。

三种情景下改革方案对各行业价格的影响如图7-1所示。

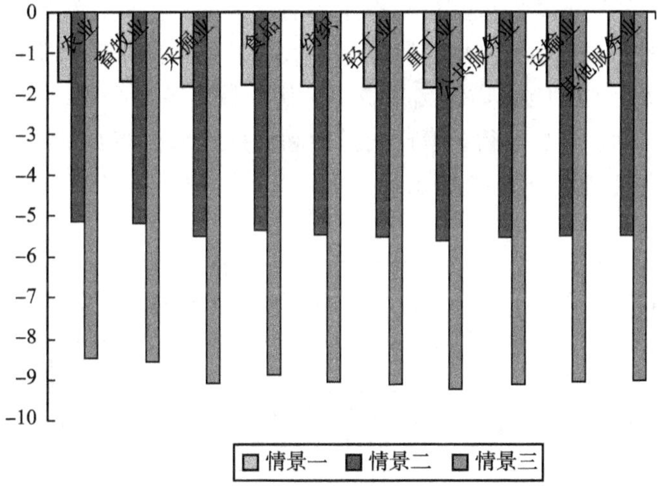

图7-1　三种情景下改革方案对各行业价格的影响

进一步分析可以发现，名义GDP的下降是因为价格的下降造成的。将产出分解为价格和需求两部分来看，可以发现，各个行业的需求都是增加的。而各行业产品的价格下降，根据两者增减幅度的不同，相乘之后各产业的产出有增有降。由表7-2中数据可以看到，当要素都出清时对间接税减税3%，农业、服务业的产出有一定增加，如农业产出增加了0.11%，公共服务业产出增加0.05%，运输业产出增加0.15%；而采掘业等工业的产出下降，如采掘业产出降低0.2%，纺织业产出降低0.19%，轻工业产出降低0.13%，重工业产出降低0.19%。

这是由于减税对价格产生了较大平抑作用，当价格的降低幅度大于需求量的增长幅度时，名义产出就会呈下降状态。对于采掘业、纺织业和轻工业等行业来说，由于我国目前这些行业存在较为严重的产能过剩现象，有效需求不足，需求弹性较大，因此减税所带来的福利大部分归属于消费者，采掘业、纺织业等工业品的价格下降较大，而需求相对增加得较少，因此，这些行业的名义产出表现为下降。由于目前我国的经济结构中，采掘业、轻工业和重工业等工业的占比仍较大，因此，总名义消费量和名义GDP表现为下降状态。

而从实际GDP来看，三种情景都能带来经济总量的增加，但是增加的幅度较小，情景三时实际GDP上升0.28%，影响幅度不太大，这是因为减税政策必然会使得原有的经济结构和经济发展基础产生变化，新的产业结构和经济发展方式发挥其拉动作用还需要时间。因此，税制改革和税制结构调整短期内产生经济增速影响并不太大。但长期来看，降低间接税的税制结构优化方案能够降低交易费用，从而提高劳动分工和专业化水平，进而促进技术进步，使得要素产出弹性和使用效率提高并最终推动经济增长。其作用机制如图7-2所示。

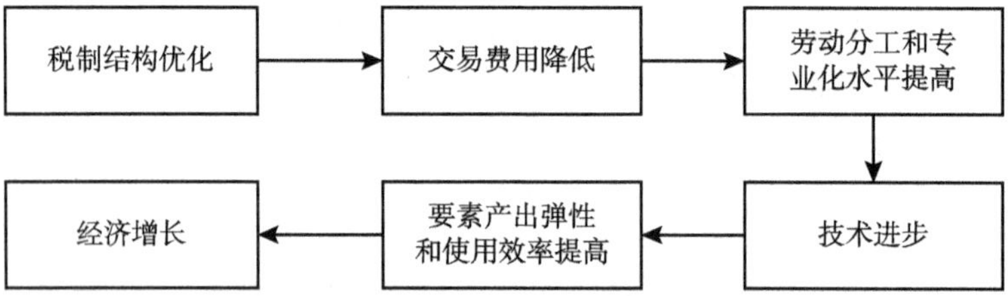

图7-2　税制结构优化对经济增长的长期作用机制

长期来看，结构性减税政策会优化产业结构，提升消费需求，必将带来经济的更好更快发展。主要原因是优化税制结构有助于转变发展方式、调整产业结构，有助于促进经济的长期可持续发展。

7.1.2　对产业结构的影响

转变生产方式、调整产业结构是我国今后一个相当长时期内经济工作的主要方向。产业结构是一国经济特征的重要方面，主要以各行业相互间的比例关系来表示。如果说经济规模反映经济的数量，那么产业结构就反映了经济的质量。在当前科学发展观可持续发展思路指导下，经济质量和经济数量同样是发展经济的重要目标，即考察税制改革的成效需要重点关注税制改革对经济结构和产业结构的优化的影响。

7.1.2.1　我国产业结构现状

产业结构是指生产结构或者行业结构，一般主要以各产业比重和各产业内部不同行业的比重来衡量和评判。作为一个发展中国家同时又是经济大国和“世界工厂”，我国的经济产业结构有着自己鲜明的特点。

表7－3给出了我国近年来三次产业的增加值结构变化情况。可以看到，其中第二产业的增加值占比稳居首位，在大部分年份中都高于45%，1994年为46.57%。第一产业的占比在1994年为19.86%左右，随后逐年下降，2012年降至10.1%，下降幅度近50%。此外，第三产业的占比稳步上升，在1994年占GDP的比重为33%左右，至2009年上升至43.43%，上升近30%。从三次产业的比例来看，从1994年的第二产业占绝对优势的状况，已逐步发展到目前第二产业和第三产业基本均衡的态势。

表7－3　　1978—2009年我国产业结构变化情况

年份	第一产业增加值（亿元）	第二产业增加值（亿元）	第三产业增加值（亿元）	第一产业增加值占GDP比重（%）	第二产业增加值占GDP比重（%）	第三产业增加值占GDP比重（%）
1994	9572.69	22445.40	16179.76	19.86	46.57	33.57
1995	12135.81	28679.46	19978.46	19.96	47.18	32.86
1996	14015.39	33834.96	23326.24	19.69	47.54	32.77
1997	14441.89	37543.00	26988.15	18.29	47.54	34.17
1998	14817.63	39004.19	30580.47	17.56	46.21	36.23
1999	14770.03	41033.58	33873.44	16.47	45.76	37.77
2000	14944.72	45555.88	38713.95	15.06	45.92	39.02

续表

年份	第一产业增加值（亿元）	第二产业增加值（亿元）	第三产业增加值（亿元）	第一产业增加值占GDP比重（%）	第二产业增加值占GDP比重（%）	第三产业增加值占GDP比重（%）
2001	15781.27	49512.29	44361.61	14.39	45.15	40.46
2002	16537.02	53896.77	49898.90	13.74	44.79	41.47
2003	17381.72	62436.31	56004.73	12.80	45.97	41.23
2004	21412.73	73904.31	64561.29	13.39	46.23	40.38
2005	22420.00	87598.09	74919.28	12.12	47.37	40.51
2006	24040.00	103719.54	88554.88	11.11	47.95	40.94
2007	28627.00	125831.36	111351.95	10.77	47.34	41.89
2008	33702.00	149003.44	131339.99	10.73	47.45	41.82
2009	35226.00	157638.78	148038.04	10.33	46.24	43.43
2010	40533.60	187383.21	173595.98	10.10	46.67	43.24
2011	47486.21	220412.81	205205.02	10.04	46.59	43.37
2012	52374.00	235162.00	231934.00	10.10	45.30	44.60

数据来源：中经网数据库。

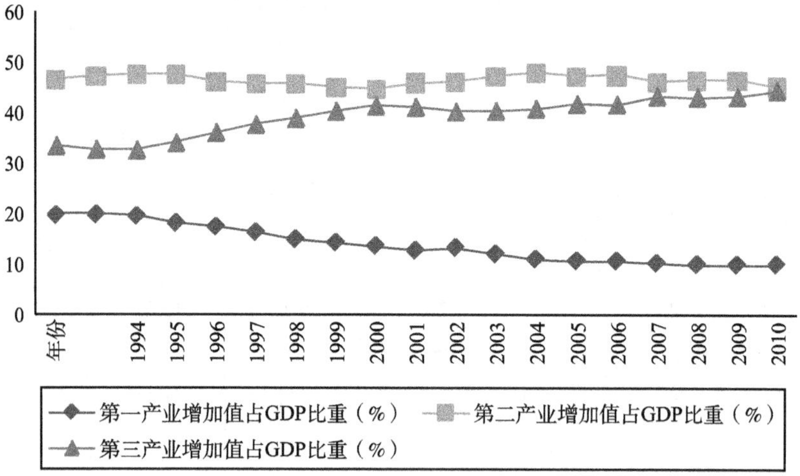

图7-3 三次产业增加值结构

表7－4给出了第三产业的内部结构，可见，在第三产业中，交通运输、批发零售及住宿餐饮等传统第三产业的占比较大，总计比重达40%左右，其中又以批发零售业的增加值占比最大，始终保持在20%左右。而服务业中更为高端的金融服务业比重不高，但近几年呈上升势头，2012年为12.79%。此外，值得关注的是，近年来房地产业增加值的占比也较高，最近几年处于波动上升周期，占比基本和金融业的占比不相上，2012年为12.7%。

表7－4　　1994—2012年第三产业的内部结构　　单位：亿元

年份	第三产业增加值	建筑业增加值	交通运输、仓储和邮政业增加值	批发和零售业增加值	住宿和餐饮业增加值	金融业增加值	房地产业增加值	建筑业增加值占比	交通邮政业增值占比	批发和零售业增加值占比	住宿和餐饮业增加值占比	金融业增加值占比	房地产业增加值占比
1994	16180	2965	2788	3773	1009	2235	1909	18%	17%	23%	6%	14%	12%
1995	19979	3729	3244	4779	1200	2799	2354	19%	16%	24%	6%	14%	12%
1996	23326	4387	3782	5600	1337	3212	2618	19%	16%	24%	6%	14%	11%
1997	26988	4622	4149	6327	1561	3607	2921	17%	15%	23%	6%	13%	11%
1998	30581	4986	4661	6913	1787	3698	3435	16%	15%	23%	6%	12%	11%
1999	33873	5172	5175	7491	1941	3817	3682	15%	15%	22%	6%	11%	11%
2000	38714	5522	6161	8159	2146	4087	4149	14%	16%	21%	6%	11%	11%
2001	44362	5932	6870	9119	2400	4354	4715	13%	15%	21%	5%	10%	11%
2002	49899	6466	7493	9995	2725	4613	5346	13%	15%	20%	5%	9%	11%
2003	56005	7491	7913	11170	3126	4989	6173	13%	14%	20%	6%	9%	11%
2004	64561	8694	9304	12454	3665	5393	7174	13%	14%	19%	6%	8%	11%
2005	74919	10367	10666	13966	4196	6087	8516	14%	14%	19%	6%	8%	11%
2006	88555	12409	12183	16531	4793	8099	10371	14%	14%	19%	5%	9%	12%
2007	111352	15297	14601	20938	5548	12338	13810	14%	13%	19%	5%	11%	12%
2008	131340	18743	16363	26182	6616	14863	14739	14%	12%	20%	5%	11%	11%
2009	148038	22399	16727	28985	7118	17768	18655	15%	11%	20%	5%	12%	13%
2010	173596	26661	19132	35746	8069	20981	22782	15%	11%	21%	5%	12%	13%

续表

年份	第三产业增加值	建筑业增加值	交通运输、仓储和邮政业增加值	批发和零售业增加值	住宿和餐饮业增加值	金融业增加值	房地产业增加值	建筑业增加值占比	交通邮政业增加值占比	批发和零售业增加值占比	住宿和餐饮业增加值占比	金融业增加值占比	房地产业增加值占比
2011	205205	31943	22433	43445	9173	24958	26784	16%	11%	21%	4%	12%	13%
2012	231934	35491	24960	49394	1032	28723	29006	15%	11%	21%	5%	12%	13%
2013	262204	38995	27283	55672	1233	33535	33295	15%	10%	21%	4%	13%	13%

数据来源：中经网。

7.1.2.2　税制改革方案对产业结构的影响

当前我国产业结构存在着高能耗高污染的粗放式发展问题，对此财税政策应发挥积极的宏观经济调控作用，调动要素和资源的合理配置，引导产业结构的升级和合理化。考察减税政策对产业结构和经济结构的影响也是评价税制改革的重要标准。

从需求的变化情况来看，由表 7－5 可知，在情景二时即仅劳动力非出清时，该方案对我国各产业的影响情况和幅度各不相同。首先，各个行业需求量都有增加，且增长率都在 1% 以上，其中重工业、公共服务业、运输业和其他服务业的供需量的增长率还达到 2% 以上，运输业达到 2.24%，其他服务业达到 2.47%，可见减税对服务业的提振作用更大。从进出口的供需构成来看，国产品的供需量多在 2% 左右，进口品的需求量均大于 2%，且每个行业的进口品的供需量均高于国产品的供需量，其中农业对国产品的需求量为 1.01%，对进口品的需求量为 2.67%；纺织业对国产品的需求量为 1.69%，对进口品的需求量为 2.79%；其他服务业对国产品的需求量为 2.46%，对进口品的需求量为 3.03%。由此可见，对间接税减税对进口的需求有较大的促进作用。

综合来看，农业对进口品的需求量的相对增长量更大，服务业对进口品的需求量的相对增长量较小，这主要是因为农产品需求量对减税的弹性更大，而且农产品相对于其他行业产品的关税水平更高，因此减税对农产品的进口量的促进作用更大。而对于服务业，由于进口量相对较少，且很多服务业的产品和服务是不可贸易的，因此，减税对服务业的进口量的刺激相对较小。

表7-5　　情景二（即劳动力非出清时）改革方案对经济的影响　　单位：%

行业	产出	供给价格	消费价格	总需求量	国产品需求	进口品需求
农业	0.32	-2.2	-5.14	1.02	1.01	2.67
畜牧业	0.53	-2.23	-5.18	1.5	1.47	3.41
采掘业	-0.6	-2.57	-5.49	1.65	1.64	3.14
食品业	0.62	-2.42	-5.37	1.38	1.33	2.25
纺织业	-0.58	-2.54	-5.48	1.75	1.69	2.79
轻工业	-0.39	-2.58	-5.53	2	1.92	2.78
重工业	-0.56	-2.63	-5.6	2.09	1.91	2.61
公共服务业	0.14	-2.6	-5.52	2.08	2.08	2.57
运输业	0.47	-2.55	-5.49	2.24	2.2	2.75
其他服务业	0.21	-2.54	-5.47	2.47	2.46	3.03

数据来源：模型测算结果。

表7-6　　情景三（即要素都非出清时）改革方案对经济的影响　　单位：%

行业	产出	供给价格	消费价格	总需求量	国产品需求量	进口品需求量
农业	0.53	-3.68	-8.5	1.71	1.69	4.52
畜牧业	0.89	-3.74	-8.57	2.52	2.47	5.77
采掘业	-1.01	-4.29	-9.08	2.78	2.75	5.31
食品	1.04	-4.05	-8.88	2.31	2.24	3.79
纺织	-0.97	-4.24	-9.06	2.94	2.83	4.71
轻工业	-0.66	-4.31	-9.13	3.36	3.22	4.7
重工业	-0.94	-4.4	-9.26	3.51	3.2	4.4
公共服务业	0.24	-4.35	-9.13	3.5	3.49	4.34
运输业	0.79	-4.26	-9.07	3.76	3.7	4.64
其他服务业	0.35	-4.24	-9.04	4.16	4.13	5.11

数据来源：模型测算结果。

从产出的变化情况来看，各行业的产出变化情况不同。由表7－5中数据可以看到，农业、服务业的产出有一定增加，如农业产出增加了0.32%，加工食品的产出增加了0.62%，公共服务业产出增加0.14%，运输业产出增加0.47%。而采掘业等工业的产出下降，如采掘业产出降低0.6%，纺织业产出降低0.58%，轻工业产出降低0.39%，重工业产出降低0.56%。可见，结构性减税政策将降低采掘业、纺织业、轻工业和重工业的产出，而增加服务业和农业等其他行业的产出。当前我国经济结构中存在着部分制造业产能过剩的问题，而测算结果显示，结构性减税将降低采掘业、纺织业等产能过剩且能耗较高污染较重的行业的比重，优化我国产业结构。

此外，结构性减税对服务业的促进作用更大，如运输业产出增加了0.47%，其他服务业产出增加了0.21%。这是由于服务业产品和服务的需求弹性更大，且不同于传统产业的产能过剩和需求不足，服务业的潜在需求较大，一定程度的价格降低就能带来较大的需求增长。这也有助于促进我国第三产业的发展，进一步优化产业结构。

三种情景时税制结构改革方案对各行业产出的影响如图7－4所示。

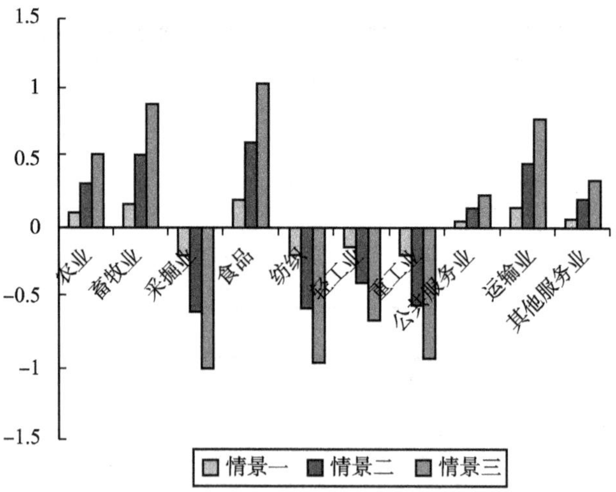

图7－4　三种情景时税制结构改革方案对各行业产出的影响

对三种方案进行对比可以看到，三种情景时产生的效果方向都是一致的，对于价格都产生了下降效应，对于需求都产生了增长效应，对于产出都是采掘业、纺织业和轻重工业下降，其他行业增长。从图 7－4 可以看到，第二产业中的高能耗、高投入，且在我国当前存在着产能过剩的采掘、轻重工业的产出明显得到抑制，而其他第一、第二产业有所增长。另外，情景一比情景二时的价格和需求拉动作用更明显，情景三又比情景二的效果更明显。从结构调整的幅度来看，也是情景三时采掘业、纺织业和轻重工业的产出下降幅度更大，同时其他行业的产出增加的幅度更大，这也就意味着情景三时产业结构调整的深度和力度更大。

7.1.3　对经济发展方式转变的影响

党的十八大作出的《中共中央关于全面深化改革若干重大问题的决定》中指出，要“加快转变经济发展方式，加快建设创新型国家，推动经济更有效率、更加公平、更持续发展”。进一步明确了当前和今后很长一个时期内经济发展的一个原则，同时也说明有利于生产方式转型是税制改革进一步发展和完善的方向。

目前雾霾是整个中国关注的话题，PM2.5、PM10 也在短期内为人们所熟知，在这种困境下，倒逼我们深入反思如何破解大气污染，如何实现资源环境的可持续发展。根据中国气象局和中国社科院联合发布的《气候变化绿皮书》显示：中国雾霾天气增多的主要原因，是化石能源消费带来的大气污染物逐年增加所致，主要源于热电排放、工业，尤其是重化工生产、汽车尾气等。可见当前大量依靠要素投入的、粗放的经济发展方式已造成了严重的环境问题，是不可持续的。这就迫切要求加快生产方式的转型。因此，税制改革对生产方式转型的影响也是一项重要的考察内容。

由表 7－5 中数据可以看到，以情景二时间接税减税 3% 为例，农业、服务业的产出有一定增加，如农业产出增加了 0.32%，加工食品的产出增加了 0.62%，公共服务业产出增加 0.14%，运输业产出增加 0.47%。而采掘业等工业的产出下降，如采掘业产出降低 0.6%，纺织业产出降低 0.58%，轻工业产出降低 0.39%，重工业产出降低 0.56%。可见，结构性减税政策可降低采掘业、纺织业、轻工业和重工业的产出，增加服务业和农业等其他行业的产出。采掘业、重工业是高能耗高污染行业，纺织业、轻工业是劳动密集型产业，且当前在我们存在着这些行业产能过剩的问题，根据测算结果可见结构性减税将降低这些能耗较高污染较重的行业的比重，这说明减税政策可引导我国产业结构的优化调整和资源配置。此外，结构性减税对服务业的产出也有很大的促进作用，如运输业产出增加了 0.47%，其他服务业产出增加了 0.21%，这无疑有助于促进我国第三产业的发展，符合进一步产业结构升级的指向的。

7.1.4 对扩大内需的影响

需求结构的实质是消费的结构，理论上可分为消费支出、投资支出和净出口。消费支出又可细分为居民消费支出和政府消费支出；进一步地，居民消费支出可细分为城镇居民消费支出和农村居民消费支出。而投资支出可分为政府投资、企业投资和个人投资。

7.1.4.1 我国需求结构现状

(1) 消费、投资与净出口结构

表 7 - 7 给出了 1993 年以来的消费、投资和净出口及其对 GDP 的贡献率，可见，1993 年三者对 GDP 的贡献率分别为 59.5%，78.6% 和 -38.1%，2012 年分别为 55%，47.12% 和 -2.12%，20 多年间消费、投资和净出口及其对 GDP 的贡献率波动十分剧烈。可以看到，1993—2001 年，消费对 GDP 的贡献率始终高于投资的贡献率，而净出口的贡献率则小于投资和消费。在 2001 年之后投资的贡献率开始赶超消费，2004 年之后，净出口的贡献率也有较大上升，但在 2008 年遭遇金融危机后迅速下降。

表 7 - 7 我国需求结构（消费、投资和净出口）

年份	国内生产总值（现价）（亿元）	资本形成总额（现价）（亿元）	最终消费（现价）（亿元）	货物和服务净出口（现价）（亿元）	资本形成总额对 GDP 的贡献率（%）	最终消费支出对 GDP 的贡献率（%）	货物和服务净出口对 GDP 的贡献率（%）
1993	35333.92	15717.70	21899.90	-679.50	78.6	59.5	-38.1
1994	48197.86	20341.10	29242.20	634.10	43.8	30.2	26
1995	60793.73	25470.10	36748.20	998.60	55	44.7	0.3
1996	71176.59	28784.90	43919.50	1459.20	34.3	60.1	5.6
1997	78973.03	29968.00	48140.60	3549.90	18.6	37	44.4
1998	84402.28	31314.20	51588.20	3629.20	26.4	57.1	16.5
1999	89677.05	32951.50	55636.90	2536.60	24.7	76.8	-1.5
2000	99214.55	34842.80	61516.00	2390.20	22.4	65.1	12.5
2001	109655.17	39769.40	66933.89	2324.70	49.86	50.24	-0.1
2002	120332.69	45565.00	71816.52	3094.10	48.51	43.91	7.57
2003	135822.76	55963.00	77685.51	2964.91	63.3	35.85	0.95

续表

年份	国内生产总值（现价）（亿元）	资本形成总额（现价）（亿元）	最终消费（现价）（亿元）	货物和服务净出口（现价）（亿元）	资本形成总额对GDP的贡献率（%）	最终消费支出对GDP的贡献率（%）	货物和服务净出口对GDP的贡献率（%）
2004	159878.34	69168.41	87552.58	4235.60	53.98	39.05	6.98
2005	184937.37	77856.82	99357.54	10209.05	38.78	39	22.22
2006	216314.43	92954.08	113103.85	16654.60	43.61	40.33	16.06
2007	265810.31	110943.25	132232.87	23423.06	42.41	39.55	18.03
2008	314045.43	138325.30	153422.49	24226.77	46.98	44.21	8.82
2009	340902.81	164463.22	169274.80	15037.04	87.58	49.8	-37.38
2010	401512.80	193603.91	194114.96	15097.60	52.91	43.14	4.05
2011	473104.05	228344.28	232111.55	12163.34	47.7	56.52	-4.22
2012	519470.00	252773.24	261832.82	14632.38	47.12	55	-2.12
2013	596962.86	282072.95	300337.81	14552.11	55.3	47	-2.3
2014	647181.68	302717.5	328312.61	16151.57	46.9	48.8	4.3
2015	699109.44	312835.72	362266.51	24007.21	41.6	59.7	-1.3
2016	745632.4	329137.6	399910.1	16584.7	43.1	66.5	-9.6

数据来源：中经网。

由图7-5可以明显看出，在2000年之后投资的贡献率就基本保持在高于消费贡献率的状态，投资对GDP的作用显著，对GDP的贡献始终在40%左右徘徊。这是由于在2000年之后，由于加入WTO和国内扶持房地产政策的出台，使得我国外部市场高速扩大，FDI快速增加，房地产业快速发展，并带动上下游行业相关投资，这些因素都导致投资需求高涨，对GDP的贡献率也快速上升到了近50%。与此同时，国内需求由1999年的最高位的近80%下降到近年来始终在40%左右徘徊。可以看到，我国近十几年来的持续高投资造成了产能过剩，而消费需求受到挤压，出现内需不足的现象，同时，净出口也随之呈上升趋势。

近几年来情况发生了一些变化，2009年的国际金融危机产生了巨大影响，外部市场迅速萎缩，表现为2009年净出口出现严重的探底，净出口的贡献率达-37.38%，对于这种状况，中央政府出台了4万亿元投资计划救市，使得当年的投资贡献率达 87.58%，消费的贡献率也稍有上升，由2008 年的 44.2% 上升到 2009 年的 49.8%。然而，这种过山车般的变化也告诉我们，国民经济的健康稳定发展不能单纯依靠投资和出口拉动，否则的话很容易受到外部冲击的影响而受到较大冲击，长期来看，要实现稳健、可持续、高质量的发展需要均衡消费、投资和出口的比例，努力扩大内需，把经济发展方式从投资拉动向出口、消费、投资协调发展转变。

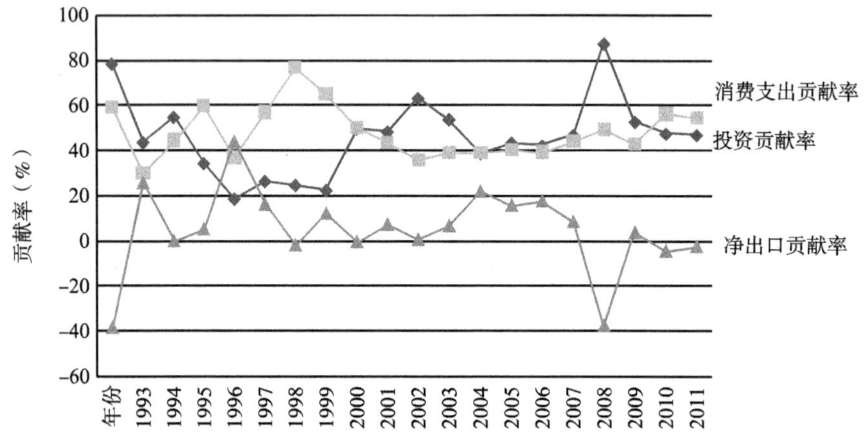

图 7－5　总需求构成与贡献率

（2）消费结构

消费支出又可以细分为政府消费和居民消费，其中居民消费又可以进一步分为城镇居民消费和农村居民消费。表 7－8 给出了 1993 年以来我国消费构成及其变化情况，图 7－6 给出了总最终消费和居民消费支出变化情况，图 7－7 给出了总最终消费率和居民消费率的变化情况。

观察这些图表可以发现：首先，最终消费和居民消费的总量处于持续增长状态，这也说明我国经济总量不断增长，消费总量和居民消费量也随之水涨船高；其次，居民最终消费率很低，在 2012 年为 35.98%，远低于世界 70%～80% 的平均水平，居民消费支出增长速度也低于总消费支出的比例；此外，总消费支出比例和居民消费支出的比例出现了下降趋势。其中，总最终消费率和居民消费率经历了一个平缓增长到快速下滑又到缓慢增长的过程，首先分别由 1993 年的 59.3% 和 44.42% 缓慢增长到 2000 年62.3% 和 46.41%，此后经历较快下滑，至 2008 年时分别降为 48.56% 和

35.34%，此后又缓慢上升至2012年的49.47%和35.98%。

表7-8　　1993—2012年最终消费和居民消费的变化情况

年度	最终消费（现价）（亿元）	最终消费率（%）	居民消费（现价）（亿元）	居民消费占最终消费比重（现价）（%）	居民最终消费率（%）
1993	21899.90	59.30	16412.10	74.90	44.42
1994	29242.20	58.20	21844.20	74.70	43.48
1995	36748.20	58.10	28369.70	77.20	44.85
1996	43919.50	59.20	33955.90	77.30	45.76
1997	48140.60	59.00	36921.50	76.70	45.25
1998	51588.20	59.60	39229.30	76.00	45.30
1999	55636.90	61.10	41920.40	75.30	46.01
2000	61516.00	62.30	45854.60	74.50	46.41
2001	66933.89	61.39	49435.86	73.86	45.34
2002	71816.52	59.61	53056.57	73.88	44.04
2003	77685.51	56.87	57649.81	74.21	42.20
2004	87552.58	54.40	65218.48	74.49	40.52
2005	99357.54	53.01	72958.71	73.43	38.93
2006	113103.85	50.78	82575.45	73.01	37.08
2007	132232.87	49.60	96332.50	72.85	36.13
2008	153422.49	48.56	111670.40	72.79	35.34
2009	169274.80	48.53	123584.62	73.01	35.43
2010	194114.96	48.19	140758.65	72.51	34.94
2011	232111.55	49.11	168956.63	72.79	35.75
2012	261832.82	49.47	190423.77	72.73	35.98
2013	300337.81	50.31	219762.5	73.17	36.81
2014	328312.61	50.73	242539.73	73.87	37.47
2015	362266.51	51.82	265980.1	73.42	38.05
2016	399910.1	53.62	293443.1	73.13	39.21

数据来源：中经网。

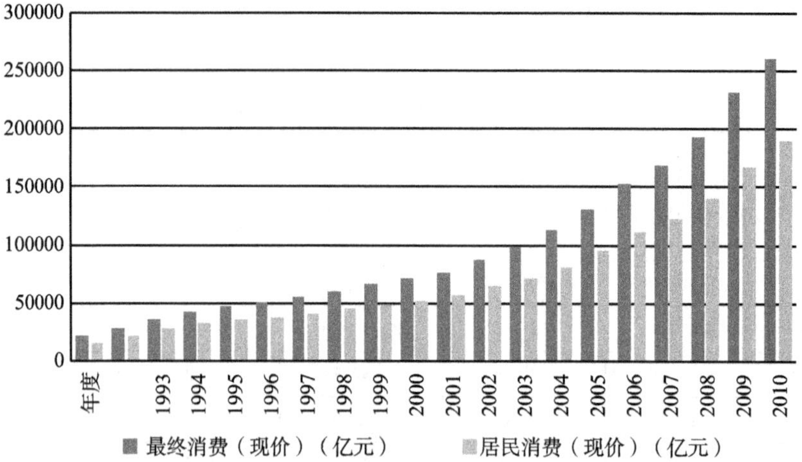

图 7－6　最终消费和居民消费支出变化情况

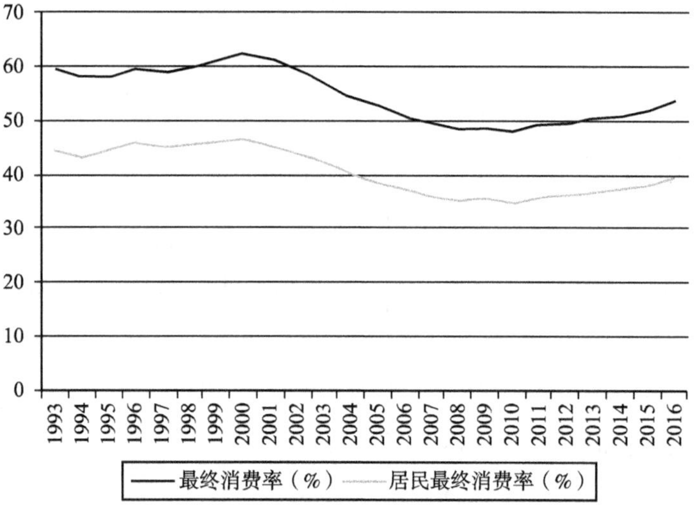

图 7－7　总最终消费率和居民消费率变化情况

表 7－9 是 1993—2012 年消费构成及其变化情况，图 7－8 是居民消费支出和政府消费支出的构成，图 7－9 是城镇居民和农村居民的消费支出构成情况。从图表中可明显看到，居民的消费率不高，且存在下降趋势，由 1993 年的 74.9% 下降到 2012 年的 72.73%，与此同时政府消费支出比例持续增加，由 1993 年的 25.1% 上升为 2012 年的 27.27%。从城乡间消费情况来看，城镇居民的消费比重不断上升，而农村居民的消费比重不断下

降，城镇居民消费由1993年的58.2%上升到2012年的77.78%，农村居民消费占居民消费的比重由1993年的41.8%逐渐下降到2012年的22.22%。

表7-9 1993—2016年消费构成及其变化情况 单位：亿元、%

年份	居民消费占最终消费比重	政府消费占最终消费比重	城镇居民消费占居民消费比重	农村居民消费占居民消费比重	居民消费	政府消费	城镇居民消费	农村居民消费
1993	74.90	25.10	58.20	41.80	16412.10	5487.80	9554.10	6858.00
1994	74.70	25.30	59.40	40.60	21844.20	7398.00	12968.90	8875.30
1995	77.20	22.80	60.30	39.70	28369.70	8378.50	17098.10	11271.60
1996	77.30	22.70	59.00	41.00	33955.90	9963.60	20048.80	13907.10
1997	76.70	23.30	60.50	39.50	36921.50	11219.10	22345.70	14575.80
1998	76.00	24.00	63.10	36.90	39229.30	12358.90	24757.30	14472.00
1999	75.30	24.70	65.20	34.80	41920.40	13716.50	27336.30	14584.10
2000	74.50	25.50	67.00	33.00	45854.60	15661.40	30707.20	15147.40
2001	73.86	26.14	68.06	31.94	49435.86	17498.03	33644.87	15790.99
2002	73.88	26.12	69.33	30.67	53056.57	18759.95	36784.86	16271.71
2003	74.21	25.79	71.72	28.28	57649.81	20035.70	41344.10	16305.72
2004	74.49	25.51	72.88	27.12	65218.48	22334.12	47528.62	17689.86
2005	73.43	26.57	72.64	27.36	72958.71	26398.83	53000.30	19958.41
2006	73.01	26.99	73.62	26.38	82575.45	30528.40	60789.49	21785.96
2007	72.85	27.15	74.87	25.13	96332.50	35900.37	72126.93	24205.56
2008	72.79	27.21	75.22	24.78	111670.40	41752.09	83993.15	27677.26
2009	73.01	26.99	76.53	23.47	123584.62	45690.18	94579.29	29005.33
2010	72.51	27.49	77.28	22.72	140758.65	53356.31	108784.05	31974.60
2011	72.79	27.21	76.94	23.06	168956.63	63154.92	129987.04	38969.59
2012	72.73	27.27	77.78	22.22	190423.77	71409.05	148113.39	42310.38
2013	73.17	26.83	77.51	22.49	219762.5	80575.3	170330.36	49432.15
2014	73.87	26.13	77.58	22.42	242539.73	85772.89	188173.63	54366.09
2015	73.42	26.58	77.77	22.23	265980.1	96286.42	206836.81	59143.29
2016	73.13	26.87	78.08	21.92	293443.1	106467	229111.3	64331.8

数据来源：中经网。

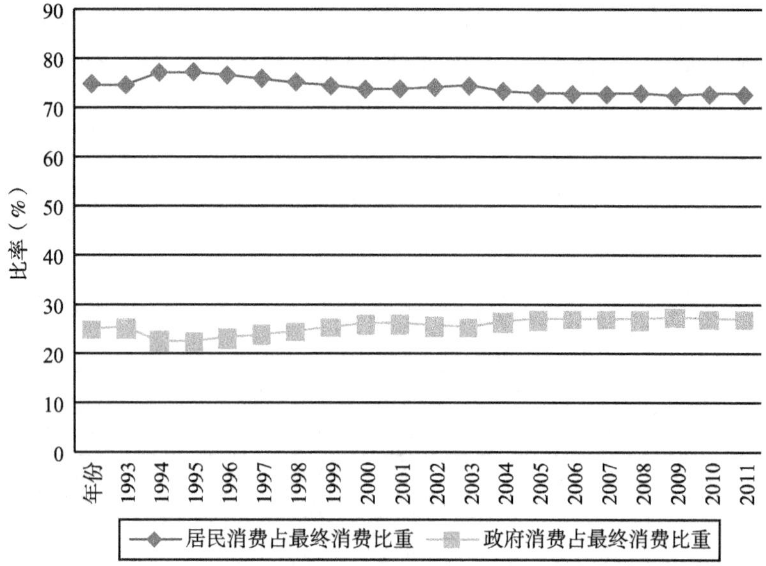

图7－8　居民消费支出与政府消费支出的占比及变化情况

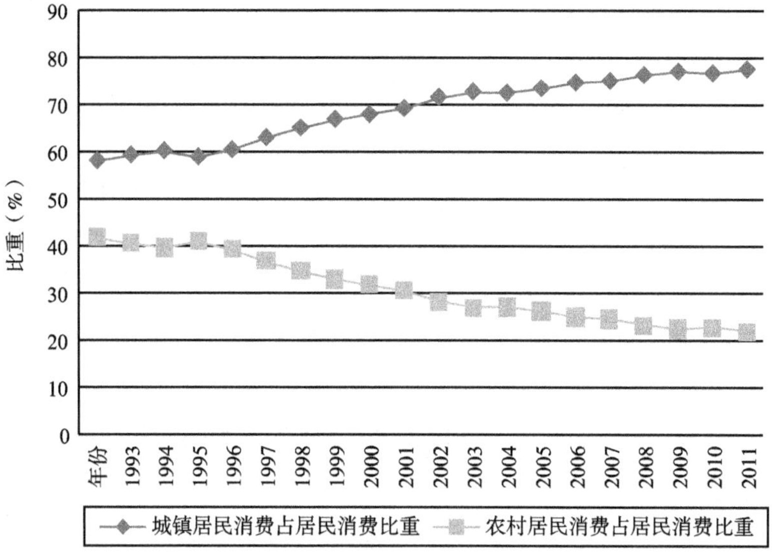

图7－9　城镇居民消费支出与农村居民消费支出的占比及其变化情况

7.1.4.2　税制改革方案对需求结构的影响测算

根据上文所述，我国的需求结构存在着消费比例较低，投资比重过高等问题。这里我们观察税制改革方案对消费需求的变化情况。由表7－6可知，当减税3%时，以效果最显著的情景三为例，大部分行业都有显著提升作用，三次产业的需求增长率基本都在2%以上，其中轻工业、重工业、公共服务业和运输业的供需量的增长率还达到3%以上，其他服务业达到4.16%。从供需构成来看，国产品的供需量增长率多在2%左右，而进口品的需求量均大于3%，且每个行业的进口品的供需量均高于国产品的供需量，其中农业对国产品的需求量为1.69%，对进口品的需求量为4.52%；纺织业对国产品的需求量为2.83%，对进口品的需求量为4.71%；其他服务业对国产品的需求量为4.13%，对进口品的需求量为5.11%。

三种情景下税制结构改革方案对行业需求的影响如图7－10所示。

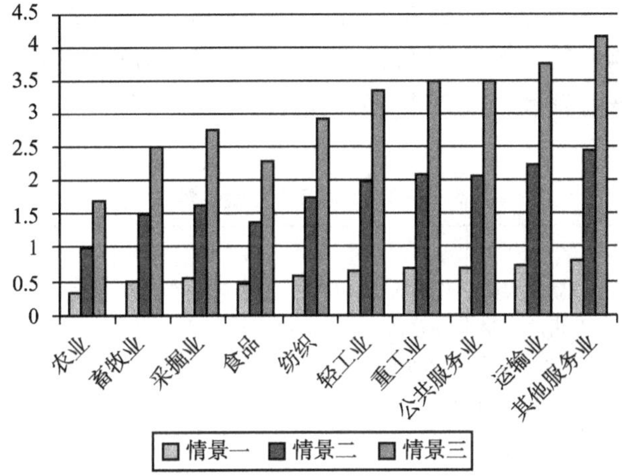

图7－10　三种情景下税制结构改革方案对行业需求的影响

以上数据说明，税制改革能够显著提振内需，促进国内居民的消费；有助于改善消费比例缩小的的状况。减轻间接税可起到降低消费价格的作用，并通过价格杠杆的传导机制起到促进居民消费的作用。此外，通过对国内产品和国外品的需求比较还能看到，减税方案对进口品的需求也有较好的拉升作用，其增长率相对更高，这也说明减税有助于进出口结构的改善，减小货物和服务净出口的贡献率，实际上也是有助于内需的。

7.1.5　对就业的影响

7.1.5.1　我国就业情况现状

表7－10给出了各个行业的就业结构，可以看到，第一产业的就业人

员占比由 1993 年的 56.4% 不断下降到 2012 年的 33.6%，下降幅度很大，此前一直是三次产业中就业人员占比最高的行业，但在 2011 年被第三产业超越。第二产业的就业份额由 1994 年的 22.4% 逐年上升到 2009 年的 30.3%。第三产业的上升幅度更大，由 1994 年的 21.2% 上升到 2012 年的 36.1%，成为三次产业中吸纳就业能力最强的行业。

可见，经过近几十年的发展，产业间的就业结构发生了巨大而深远的变迁，由改革初期的第一产业就业人员占比超过 70% 的农业人口占绝对多数的情况，变为当前三次产业吸纳就业势均力敌、三足鼎立且第三产业吸纳就业能力继续保持增加的状况。这说明我国的第二产业和第三产业得到了长足的发展，吸纳就业能力不断上升，同时第三产业的上升幅度和速度更快，吸纳就业的能力大于第二产业。促进第三产业发展能够有效带动就业增长，这对于面临严峻就业形势的人口大国我国来说是很有指导意义的。对于税制改革方案设计来说，也就意味着税制改革应通过税收改革措施促进第三产业发展，从而带动就业增长。

表 7－10　1993—2012 年各产业就业情况

年份	第一产业就业人员占总就业人员的比重（%）	第二产业就业人员占总就业人员的比重（%）	第三产业就业人员占总就业人员的比重（%）	年末从业人员数（万人）	第一产业就业人员数（万人）	第二产业就业人员数（万人）	第三产业就业人员数（万人）
1993	56.4	22.4	21.2	66808	37679.712	14964.992	14163.296
1994	54.3	22.7	23	67455	36628.065	15312.285	15514.65
1995	52.2	23	24.8	68065	35529.93	15654.95	16880.12
1996	50.5	23.5	26	68950	34819.75	16203.25	17927
1997	49.9	23.7	26.4	69820	34840.18	16547.34	18432.48
1998	49.8	23.5	26.7	70637	35177.226	16599.695	18860.079
1999	50.1	23	26.9	71394	35768.394	16420.62	19204.986
2000	50	22.5	27.5	72085	36042.5	16219.125	19823.375
2001	50	22.3	27.7	72797	36398.5	16233.731	20164.769
2002	50	21.4	28.6	73280	36640	15681.92	20958.08
2003	49.1	21.6	29.3	73736	36204.376	15926.976	21604.648

续表

年份	第一产业就业人员占总就业人员的比重（%）	第二产业就业人员占总就业人员的比重（%）	第三产业就业人员占总就业人员的比重（%）	年末从业人员数（万人）	第一产业就业人员数（万人）	第二产业就业人员数（万人）	第三产业就业人员数（万人）
2004	46.9	22.5	30.6	74264	34829.816	16709.4	22724.784
2005	44.8	23.8	31.4	74647	33441.856	17765.986	23439.158
2006	42.6	25.2	32.2	74978	31940.628	18894.456	24142.916
2007	40.8	26.8	32.4	75321	30730.968	20186.028	24404.004
2008	39.6	27.2	33.2	75564	29923.344	20553.408	25087.248
2009	38.1	27.8	34.1	75828	28890.468	21080.184	25857.348
2010	36.7	28.7	34.6	76105	27930.535	21842.135	26332.33
2011	34.8	29.5	35.7	76420	26594.16	22543.9	27281.94
2012	33.6	30.3	36.1	76704	25772.544	23241.312	27690.144

数据来源：中经网。

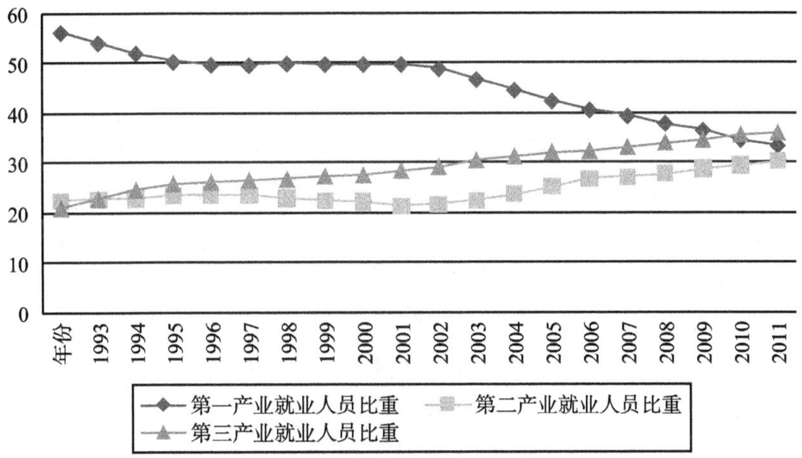

图7－11　1993—2012年三次产业就业情况

综上所述，近年来我国就业结构由改革初期的第一产业从业人员比重占绝对多数的状况发展到现在的三次产业就业人员基本均衡的状况，产业就业结构不断优化。可喜的是，第三产业在持续较快发展，且吸纳就业的能力也较大。对于税制结构和税制改革来说，如何进行调整以更好地促进产业结构更加合理协调，是一项重要任务。

7.1.5.2 改革方案对就业的影响

从税制结构改革方案对就业的影响来看，总体来说，间接税减税的结构性调整方案由于降低了税负，拉动了需求，因此有利于工作岗位的提供，使得总体的就业状况得到提升。从就业结构来看，采掘业、纺织业、轻工业和重工业的就业为负增长，以情景二时减税3%为例，这几个行业就业分别为下降0.6%、0.58%、0.4%和0.57%。其他行业的就业影响为正向促进作用，农业劳动力就业可增长0.44%，畜牧业增长0.74%，公共服务业增长0.14%，运输业增长0.46%（见表7－11）。

表7－11　三种情景下税制结构改革方案对就业的影响率　单位：%

情景	农业	畜牧业	采掘业	食品	纺织	轻工业	重工业	公共服务业	运输业	其他服务业
情景一	0.15	0.24	-0.2	0.2	-0.19	-0.13	-0.19	0.05	0.15	0.08
情景二	0.44	0.74	-0.6	0.62	-0.58	-0.4	-0.57	0.14	0.46	0.23
情景三	0.74	1.25	-1.01	1.03	-0.98	-0.67	-0.95	0.24	0.77	0.38

数据来源：模型测算结果。

从图7－12明显可以看出，结构性减税方案对于第二产业的就业有降低作用，而对第一、第三产业为增长作用。具体来说，结构性减税有助于减少采掘业、轻工业和重工业等高能耗、高污染行业的人员，有利于促进劳动力向其他更为环保和更高附加值行业转移。符合促进经济增长由主要依靠第二产业带动向依靠第一、第二、第三产业协调带动转变；由主要依靠增加物质资源消耗向主要依靠科技进步、劳动者素质提高、管理创新转变的调控思路。从三种方案的对比来看，情景三的改革方案采掘业、纺织业和轻重工业的就业下降幅度更大，其他行业的就业增加的幅度更大，这也意味着要素不出清时改革方案对产业就业结构调整的深度和力度越大。

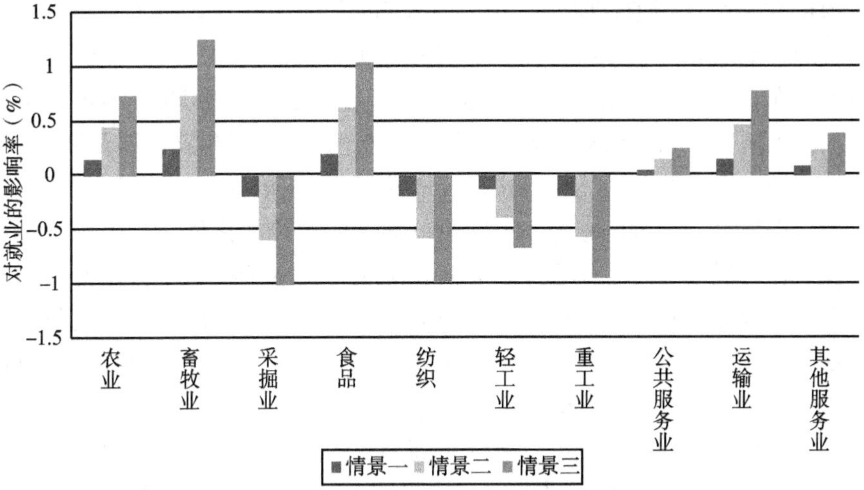

图7－12　三种情景下税制结构改革方案对就业的影响效果

7.2　税制改革的公平效应

对于采取“赶超”经济策略的我国来说，税收制度的基本发展理念为“效率优先，兼顾公平”，税制设计的首要目标就是获得财政收入以及提高经济效率。正因为如此，我国经过几轮税制改革后，实际上已经形成间接税为主体的税制结构。2016年税收收入中，间接税占比55.99%（主要包括增值税、营业税等），而更具公平效应的直接税占比仅为44.01%。很显然，这种税制结构对公平和收入分配的调节作用相对弱化。政府的一项重要职能就是公平收入分配，而税收制度是政府调控收入分配、减小收入差距、促进社会公平的一项重要手段。因此，通过税收政策促进收入分配调节，缩小公民的税后收入差距，加强税收制度的公平效应应是税制改革的基本原则和重要目标。下面将从税改方案对居民税负分配的影响和对地区差异的影响两个方面进行分析。

7.2.1　对居民税负分配的影响

根据收入分配差距的“倒U”形曲线可知，在经济发展的初、中期，政府主要的社会目标是经济增长，强调“效率优先，兼顾公平”，但事实上分配公平很难得到兼顾，处在“倒U”形曲线前半部分，其基尼系数较高。根据世界银行对2009年情况的统计，泰国为0.54，智利为0.52，巴西为0.54。发达国家在跨越“中等收入陷阱”后发展阶段到了“倒U”形曲线的后半部分，更加注重公平，贫富差距较小，例如日本、欧洲的基尼系数多在0.24~0.36之间。根据世界银行的标准，我国2010年迈入中等偏上收入国家行列，根据世界其他国家的经验，公平将是经济保持持续稳定增长的一个重要条件，也是税制改革的重要衡量标准。

根据税负是否可以转嫁，税收可分为直接税和间接税两大类。间接税的优点在于税基广泛、征管方便高效，不足之处在于税负易转嫁并且具有累退性，因此更有利于促进效率，但弱化收入调节的作用。直接税包括所得税与财产税，所得税的特点是易于实行累进税率，财产税的特点是税负较难转嫁，其收入再分配效应较好。

我国税制结构的特点可以概括为商品税占主体，个人所得税规模较小和财产税缺失。以2008年为例，国内增值税、消费税、营业税、关税占税收总收入的比重为33.2%、4.7%、14.1%和3.3%，合计达到55.3%，企业所得税占税收总收入比重为20.6%，个人所得税为6.9%。[①] 这种税制结构是我国转轨时期“效率优先，兼顾公平”思想的体现，对于筹集收入和调动各方积极性发挥了重要作用。但随着经济形势的变化，这种税制在公平方面的不足和缺陷也愈加凸显。

众所周知，间接税的一大重要特征便是税收负担可以转嫁，具有累退性，转嫁的程度则和商品的供给弹性和需求弹性相关。间接税主要指增值税等对商品课程的流转税，居民购买的商品中生活必需品的需求弹性较小，而奢侈品的需求弹性较大，且一般来说穷人用于消费支出的比重高于富人，因此购买生活必需品的居民就承担了更多的税负，穷人的税负相对更高而富人的税负相对更低，这不利于调节贫富差距。

聂海峰、刘怡（2010）根据城镇居民消费支出数据，进行10等分组以考察间接税税收负担分布状况，如图7－13所示。从图中可看出，我国困难户居民消费支出中，有9.5%用于间接税支出，而最高收入户仅有6.8%用于间接税支出，税收具有明显的累退性。根据刘怡和聂海峰（2004）的测算，最低收入群体的增值税有效税率是15.1%，而最高收入群体的增值税有效税率为8%，低于最低收入群体税率7%。

① 根据《中国统计年鉴》（2009）“中央和地方财政主要收入项目（2008）”中的数据计算得出。

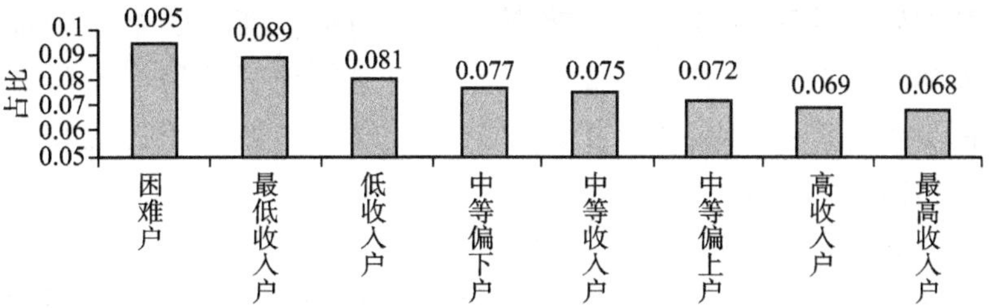

图7－13 间接税的税收负担分配

数据来源：聂海峰，刘怡．城镇居民间接税负担［J］．经济学季刊，2010（4）．

可见我国流转税占比过高的格局影响了税收制度在对居民税负分配调节上的作用，因此本书改革方案设计的对间接税减税，从而减少间接税在整个税收中的比例的方案有助于减小流转税的累退性对税负分配不公的影响。继续坚持推进间接税减税政策，逐步降低间接税在整个税收中的比重有助于改善居民税负分配不公问题。与此同时，推进房地产税和个人所得税的改革，增加财产税和所得税的收入规模，充分发挥它们的累进性，可起到有效调节个人和家庭收入差距的作用，可在税制结构调整完善的基础上起到税收负担在不同收入层级人群间的合理配置，从而起到公平居民税负分配的作用。

7.2.2 对地区差异的影响

我国的税制结构为间接税占主体，这其中又以增值税、营业税的比重最大，居绝对第一规模。而增值税是对流动性税基征税，这就促进了地区间激烈的横向经济竞争。相应地，这种激烈的横向竞争以及“盯住增值税收入”的税收返还和转移支付机制设计引发了横向恶性税收竞争和地区财力的差距加大，也愈发加重了地区间的不平等。可以说，1994年的分税制体系很好地体现了效率原则，但在对地区间的公平效应方面却存在着明显的不足。

流转税最重要的特点就在于易于转嫁，即纳税人和税负人不一致，生产企业缴纳税收，而消费者最终负担税款。这意味着生产企业所在地的地方政府获得了税收收入，而实际负担税款的是全国所有消费了该商品的地区。我国的经济结构存在着明显的地区发展不均衡的状况，东南部经济发达、税基大，中西部经济欠发达、税基小。而我国以间接税为主体的税制结构强化了这种地区间的不均衡，税收收入大量流向东南地区，税收负担却由全国负担，进一步加大了发达地区和落后地区的差距。从不同城市规模来看，生产和销售商品的企业大都位于经济发达地区或大中城市，商品税收入由这些地区获得，商品税的负担却由更大范围的消费者承担，大城市或发达地区获得的税收收入远高于农村或落后地区。

直接税包括所得税与财产税，所得税的特点是易于实行累进税率，财产税的特点是税负较难转嫁，其收入再分配效应较好。直接税的税基相对间接税不易流动，不会引发地区间的激烈竞争，且不会造成税收收入和税收负担的地区间倒挂，因此对于地区间的均衡发展是中性的。

在本书设计的税制改革方案中，测算设计了税制改革的方向应采取减间接税的方案，从而减小间接税在总体税收中的比重，减小现行税制及转移支付制度对地区间不平衡的扭曲加剧作用。地区间经济发展的差距决定了税基的多寡，使得税收收入必然存在差异。要从根本上改善地区间差异，就要推进与税制改革配套的财政体制改革，优化支出结构，加大转移支付力度，增加对落后地区的扶持。长期来看，逐步减少间接税的比重，并改革以地区间差异较大的增值税、企业所得税等税收返还为主体的转移支付制度，加大一般性转移支付比例，推进公共服务均等化，充分发挥转移支付的调节作用，将有助于减小地区间的差距。

7.3 税制改革的财力效应

我国税收的一大重要任务和要求便是高效、快捷地筹集充足的财政收入，用于各种支出。世界税制改革经验表明，即使是减税为主的税制改革也应该确保国家财政收入的基本稳定，履行好税收的收入筹集的根本职能。因此，考察税制改革的合理与否和是否可行最后还必须关注它的收入筹集的能力，落实到能够收到多少税，中央和地方的财力变化情况，以及各个地区的财力变化情况上。下面就从这三个方面来进行分析。

7.3.1 对总体收入的影响

结构性减税政策必然会使得原有的经济结构和经济发展基础产生变化，但新的产业结构和经济发展方式发挥拉动作用还需要时间。因此，税制改革和税制调整短期内将产生经济增速下降的影响。经济规模决定税收总量，经济增速的下降也必然会导致税收总量的增速下降。有学者测算，GDP 增速 9% 时，税收收入增速为 20% ~30%；GDP 增速低于 9% 时，税收增速将快速回落。[①] 根据前文分析测算，我们所设计的结构性减税方案优化了产业结构，促进了消费，改变了单纯依赖投资和进出口拉动经济的模式，但由于总体价格水平下降，行业产出和进出口贸易的增速有所下降，因此降低了总体税收。2013 年上半年，我国工业增加值增速减缓和 PPI 的下降导致税基减小，中央增值税增长率降为 2. 7%，企业所得税同比下降 2. 9%；同时，受海外需求不足的影响，出口增速下滑，从而与之相关的进口环节增值税、关税和消费税均受到影响：进口货物的增值税、消费税同比减少 1314 亿元，降幅高达 24. 5%，关税同比减少 16 亿元，降幅达 16. 7%。此外，我国还存在着税收增速幅度远远高于 GDP 增长率幅度的特点，所以经济增速放缓或低于以往增速时，经济增速的下滑必将带来税收收入增速的大幅下降。

减税空间的规模一直是讨论的重点，已有众多研究者从不同角度提出了政策建议，如全国政协委员、国家税务总局原副局长许善达在接受记者采访时指出，“减税规模还可再大些，没 5000 亿元看不到成效”。[②] 国务院总理李克强（2018）在做政府工作报告时指出，2018 年全年我国将再为企业和个人减税 8000 多亿元，促进实体经济转型升级，着力激发市场活力和社会创造力。中国社会科学研究院研究员、中国社科院财政税收政策研究中心副主任杨志勇（2012）提出，可将税收超 GDP 增长部分视为减税空间，减税空间的高限大约为税收收入的 10%，并推算出减税的高限大约为 8300 亿元，低限为 5000 亿元左右。[③]

税制改革中对税收收入的测算是一个很复杂的问题，对于间接税来说涉及各个行业的税率及税收变化情况，对于直接税来说涉及各类各种要素的税负实际变化情况。CGE 模型能很好地解决这个问题，它能通过一般均衡的方法计算税制改革方案对整个经济中各行业各环节的税收收入的影响，从而得出具体的税收收入变化情况。我们利用 CGE 模型计算出，情景一时间接税减税 3% 将使得全国税收收入减少 3337 亿元，情景二时将使得全国税收收入减少 3109 亿元，情景三时全国税收收入减少 2988 亿元（见表 7 - 12）。这个规模在众多学者所提出的可接受的减税额度范围之类，因

① 《今年税收收入增长减缓，国税总局密集调研》，每日经济新闻，2013 年 6 月 27 日。

② 来源自凤凰财经网，http：//finance. ifeng. com/news/special/gongshijianshui/20120311/5731676. shtml，2012. 3. 11.

③ 杨志勇. 我国减税规模与政策选择研究［J］. 财政监督，2012（21）.

此完全能够满足国家财政支出的正常需要，不会对各项社会服务的正常提供和政府职能的履行造成影响。

表 7－12　　三种情景下税制结构改革方案的税收收入变化情况　　单位：亿元

方案	税收变化
情景一	－3337
情景二	－3109
情景三	－2988

数据来源：模型测算结果。

7.3.2　对中央和地方的财力影响

1994 年分税制改革以来，中央政府的财力不断上升，控制能力得到增强，但也随之出现了“财权层层上移，事权层层下移”的问题。中央和地方的财权与事权不匹配现象愈演愈烈，地方政府的财力得不到满足已经产生了诸多问题，如乱收费、土地财政、地方债膨胀等，因此改革方案还要考虑在政策上尽快对央地关系作出调整。2016 年 4 月 30 日，国务院印发了《全面推开营改增试点后调整中央与地方增值税收入划分过渡方案》。根据该方案，中央与地方的增值税分成比例，从原来的中央占 75% 地方占 25% 的比例调整为中央与地方对半分成，这一方案大大缓解地方财政的紧张。但该文件中也强调文件制定的背景是“税制改革未完全到位，推进中央与地方事权和支出责任划分改革还有一个过程”，这一方案过渡期暂定为 2～3 年。但从长期看，这种简单的分成也可能出现激励不相容的后果，因此重新建立地方主体税种才是最需要解决的核心问题。

此外改革关于中央和地方财力关键的一点还在于改革现行转移支付制度。现行转移支付以税收返还和专项转移支付为主，而税收返还值依据地区实现的增值税等税收收入的数额来计算，因此发达地区获得返还更多而落后地区的更少，进一步增加了地区间的差距。对这一制度进行改革可以考虑依据辖区内社会消费品总额占全国社会消费品的比例来确定返还比例，并且增加一般性转移支付，推进公共服务均等化。

7.3.3　对地区间财力的影响

由于流转税易于转嫁，生产企业所在地的地方政府获得了更多税收收入，而实际负税者是全国所有消费者。而我国东南沿海地区经济发达，工商业数量多，税基大，中西部经济欠发达，税基小，因此税收收入大量流向东南地区，加大了地区间财力的差距。

此外还有重要的一点在于，当前中央政府对地方政府的税收返还主要是地方政府的增值税、消费税和所得税。发达地区的经济发展水平较高，税收规模也就更高，因此能够获得更多的税收返还。很显然，这种制度设计必然导致发达地区的税收返还更多，而欠发达地区的税收返还更少，人为加剧了“马太效应”，进一步扩大了地区间的差异。这种税收返还和转移支付非但没有起到调节地区间收入差距、促进公共服务均等化的作用，反而扩大了发达地区和落后地区的差距。

表7－13给出了我国各地区的财政收入占地区生产总值的比重，可以看出，越发达地区的财政收入占地区生产总值的比重越高。以2011年为例，财政收入占地区生产总值的比重最高的两个地区是上海和北京，分别为27.42%和23.92%；最低的两个地区为河南（9.19%）和西藏（11.77%）。可见，发达地区的财政收入占地区生产总值的比重比欠发达地区的高，再考虑到发达地区的生产总值也比欠发达地区生产总值高，因此发达地区的财政收入是大大高于欠发达地区的财政收入的。可见，现行的税收制度和税制结构是不利于缩小地区间差异的。

表7－13　各地区财政收入占地区生产总值的比重（2007—2016年）①

地区	2007年	2008年	2009年	2010年	2011年	2012年	2013年	2014年	2015年	2016年
北京	20.79	22.62	22.69	22.77	23.92	18.54	18.49	18.88	20.53	19.80
天津	17.31	16.68	16.31	17.35	18.32	13.65	14.40	15.20	16.13	15.23
河北	9.78	9.86	10.47	10.49	10.87	7.84	8.07	8.32	8.89	8.89
山西	18.25	19.48	18.36	17.53	17.73	12.52	13.44	14.27	12.86	11.93
内蒙古	12.25	12.66	12.55	13.11	13.72	9.78	10.17	10.38	11.02	11.12
辽宁	14.73	14.66	16.36	16.76	17.1	12.50	12.29	11.15	7.42	9.89
吉林	10.47	11.17	11.68	12.05	13.22	8.72	8.87	8.72	8.74	8.55
黑龙江	11.27	12.11	13.35	12.77	12.8	8.50	8.84	8.65	7.73	7.46
上海	26.22	26.06	26.94	26.99	27.42	18.55	18.84	19.46	21.97	22.73

① 本表中各地区财政收入为地方本级收入加上全部消费税和增值税75%的部分。

续表

地区	2007 年	2008 年	2009 年	2010 年	2011 年	2012 年	2013 年	2014 年	2015 年	2016 年
江苏	14.05	14.36	14.94	15.03	15.52	10.84	10.99	11.11	11.45	10.49
浙江	14.31	14.48	15.46	15.20	15.44	9.93	10.06	10.26	11.22	11.22
安徽	11.79	12.40	13.09	13.97	14.33	10.42	10.79	10.64	11.15	10.95
福建	11.70	11.76	12.04	12.12	12.46	9.02	9.69	9.82	9.79	9.21
江西	10.66	11.14	11.31	11.99	12.78	10.60	11.25	11.98	12.95	11.63
山东	10.21	9.89	10.27	10.81	11.24	8.12	8.26	8.46	8.78	8.61
河南	8.86	8.47	8.78	8.84	9.19	6.89	7.50	7.84	8.15	7.79
湖北	10.62	10.27	10.66	10.87	11.81	8.19	8.84	9.38	10.17	9.50
湖南	11.11	10.70	10.72	10.87	11.78	8.04	8.25	8.37	8.70	8.55
广东	14.19	14.50	14.85	15.51	15.56	10.92	11.33	11.89	12.86	12.85
广西	10.58	10.57	11.46	11.53	11.63	8.95	9.12	9.07	9.02	8.50
海南	13.38	13.92	17.75	19.60	19.61	14.34	15.14	15.86	16.95	15.73
重庆	15.31	15.70	13.82	16.10	18.20	14.93	13.25	13.48	13.71	12.56
四川	11.6	11.71	11.70	12.76	13.27	10.14	10.55	10.73	11.17	10.29
贵州	17.51	17.39	17.26	18.08	20.16	14.80	14.92	14.75	14.31	13.26
云南	21.05	21.51	21.96	22.68	23.21	12.98	13.62	13.25	13.28	12.25
西藏	7.72	8.37	8.85	9.46	11.77	12.35	11.65	13.50	13.36	13.55
陕西	14.58	14.33	15.32	16.17	18.78	11.07	10.79	10.69	11.43	9.45
甘肃	12.79	13.21	16.05	15.44	16.00	9.21	9.59	9.84	10.95	10.93
青海	12.29	12.13	13.13	13.22	14.60	9.85	10.55	10.93	11.05	9.27
宁夏	14.19	14.04	13.41	14.49	14.98	11.27	11.96	12.35	12.82	12.23
新疆	14.55	15.06	16.54	16.55	18.15	12.11	13.36	13.83	14.27	13.46

数据来源：国研网、国家统计局。

本书提出的税制结构改革方案提出要减小间接税的比例，以减少流转税造成的地区间税负的倒挂，从而减少地区间的差异。此外，发达地区和落后地区的税基差距是客观存在的，要尽量削减这种差距就要加大中央对落后地区的转移支付力度，改革现行转移支付的计算依据，增加一般性转移支付的比例，逐步缩小地区间的差距。

第 8 章　地方税制改革方案的效应分析

完善地方税系的一大重要问题就是建立地方税系的主体税种。根据前文所述，本书根据我国经济发展水平和当前的税制结构，借鉴吕冰洋、郭庆旺（2013）提出的开征零售税作为地方税系主体税种的思路，进行具体的方案设计和测算。改革方案的具体设想是：商品进入零售环节之后，按商品价格的 5% 征收零售税，并将零售税全部作为地方税；同时，将商品的增值税调降至 13%，并全额作为中央税，既起到减轻纳税人负担的作用，又有助于抑制地方政府刺激工业规模扩张的冲动。此外，推进房地产税的开征，从而保证地方政府的短期和长期财源。①

本章我们分别测算在劳动力和资本要素都出清、仅劳动力要素非出清以及劳动力和资本都非出清的三种宏观闭合条件下，地方税改革方案对宏观经济、产业经济等方面的影响。并分别从效率、公平和财力三个角度对所提出的地方税改革方案的效应进行具体的测度和分析。

8.1　地方税制改革方案的效率效应

根据前文介绍，当前的地方税体系存在着较为严重的财权、事权不匹配现象，地方政府财力短缺现象明显，并导致地方政府和财税体系的正常运行依赖于大规模的转移支付。对于我国来说，这种大规模的、长期的转移支付已带来较大的效率损失，原因在于：我国的政府层级多且地方政府

① 郭庆旺，吕冰洋．地方税系建设论纲：兼论零售税的开征［J］．税务研究，2013（11）．

的体量大，容易造成信息收集的不畅和信息传递的失真，而这种状况极易导致转移支付资金的使用效率降低，使转移支付资金的用途不同于辖区居民的需求和期望。因此，地方税制的改革的一大重要目标就是提高经济和资源配置的效率，本书对此分四个方面进行讨论。

8.1.1 对经济增长的影响

对税制改革的经济特征和经济收益的描述很重要的一个方面在于经济规模或产出的变化。本书设计的地方税制改革方案，对于商品的零售环节加征5%的零售税，同时增值税税率由17%降为13%，这个过程一减一增，不考虑税负分配的话实际上总体税负变化并不太大。而且由于这部分减税直接作用于我国体量最大的增值税，这4个百分点的下调必将大大降低企业和居民的税负，能够对备受诟病的比例过大的流转税起到较大的减负作用。因此该改革方案应该对我国的经济起到较强的增长效应。表8-1给出了模拟结果，可以看到，在非出清的闭合下，名义GDP下降了41.79亿元，降低了0.02个百分点，由于该方案降低了商品价格，因此实际GDP是增长的，比基准情况增加了1542亿元，上升了0.74个百分点。

表8-1　地方税改革方案对宏观经济的影响　单位：亿元

情景	名义GDP		实际GDP		福利变化（EV）
	变化值	变化率	变化值	变化率	
情景一	-1054.00	-0.50%	331.58	0.16%	522
情景二	-872.58	-0.42%	556.77	0.27%	746
情景三	-41.79	-0.02%	1542.09	0.74%	1572

数据来源：模型测算结果。

在考虑劳动力非出清的第二种闭合下，名义GDP降低了872亿元，下降了0.42个百分点，而实际GDP增长了556亿元，大于基准情况0.27个百分点。当考虑劳动和资本都出清的第三种闭合情况下，名义GDP降低了1054亿元，下降了0.5个百分点，实际GDP增长了331亿元，相较于基准情况增长了0.16个百分点，增长效应明显。此外，从福利变化情况来看，三种方案都能较大增加社会福利，且后一方案均优于前一方案，分别增加了331亿元、556亿元和1542亿元。

这个结果符合我们的预期，总体来看改革方案能够促进经济增长。名义 GDP 有所下降，这主要是受价格下调的影响，剔除价格效应的真实 GDP 则呈增长势头。对于不同的闭合设定来说，闭合二考虑了存在剩余劳动力的状况，因此税制改革方案在通过价格下调影响经济的同时还能通过刺激就业来进一步促进经济增长，因此这种情景下的实际 GDP 增速高于闭合一 0.11 个百分点。更进一步，根据 GDP 增长和社会福利变化来看，三种闭合下的社会福利都有所增加，分别增加了 522 亿元、746 亿元和 1572 亿元。考虑劳动力非出清时的效果优于全部出清时的效果，而考虑劳动力、资本都非出清的模拟效果又优于仅考虑劳动力出清时的效果。这说明，在社会劳动力和资本都非充分就业的萧条时期，本改革方案的增长效果更好，能够更为有效地拉动经济增长，提高社会总体福利。

8.1.2　对产业结构的影响

8.1.2.1　改革方案对产业结构的影响

根据前文所述，现有税制体系中增值税为中央和地方共享，这样的分配体系很容易导致工业投资过热。地方税体系的改革方案应发挥积极的宏观经济调控作用，调动要素和资源的合理配置，引导产业结构的升级和合理化。考察地方税体系的改革方案对产业结构和经济结构的影响应是评价税制改革方案是否合理的重要标准。

根据模拟结果可以看到，地方税制改革方案对于各产业的价格、产出和需求均产生了不同程度的影响，总体来看，可概括为降低了价格，增加了需求和产出，同时，不同闭合假设下对不同产业的影响方向和幅度也有所不同，因此对产业间的结构也产生了不同影响，具体分析如下。

（1）要素全部出清假设时（情景一）的改革方案效果

在要素全出清的假设中，改革方案的效果并不太理想，价格方面仅公共服务业、运输业和其他服务业的价格有一定下降，分别为 0.71%，1.27% 和 0.61%，其他产业的产品价格均为上升。需求方面，各个行业均为下降，其中工业部门的需求下降较大。产出方面，仅公共服务业、采掘业和运输业的产出为增加。可见该方案能有效减轻服务业的税负，但对工业和农业有一定的抑制。对于农牧业来说，由于其行业的生产环节几乎没有税负，因此减增值税对其几乎没有影响，而在销售环节增加零售税则能直接影响其价格，使得价格有小幅上涨（见表 8－2）。

表 8-2　　要素出清时税制改革方案对产业结构的影响　　单位：%

行业	产出	需求	价格
农业	-0.31	-0.25	0.01
畜牧业	-0.14	-0.35	0.04
采掘业	0.10	-0.36	0.02
食品	-0.52	-0.79	2.28
纺织	-0.22	-0.74	1.37
轻工	-0.17	-0.80	1.29
重工	-0.15	-0.77	1.11
公共服务	1.09	-0.20	-0.71
运输	0.14	-0.02	-1.27
其他服务	-0.18	-0.28	-0.61

数据来源：模型测算结果。

(2) 劳动力非出清假设（情景二）时的改革方案效果

在考虑劳动力非出清的闭合二情景中，各行业的价格变动趋势与闭合一相同，运输业、服务业的价格下降，其他产业的产品价格上升，区别在于下降的幅度更高、上升的幅度更低。需求方面，运输业变为增长，其他行业仍为降低，但降低的幅度都有减小。产出方面，仍是公共服务业、运输业及采掘业为增长，其他行业下降。可见该方案的作用与情景一的效应类似，但由于假定劳动力非充分就业，因此减税效应拉动了就业，增加了劳动要素投入，进一步促进了产出和需求（见表 8-3）。

表 8-3　　劳动力非出清时税制改革方案对产业结构的影响　　单位：%

劳动力非出清	产出	需求	价格
农业	-0.23	-0.19	0.01
畜牧业	-0.04	-0.26	0.03
采掘业	0.24	-0.26	0.00
食品	-0.43	-0.71	2.27
纺织	-0.08	-0.64	1.35
轻工	-0.05	-0.69	1.27

续表

劳动力非出清	产出	需求	价格
重工	-0.03	-0.65	1.10
公共服务	1.18	-0.08	-0.73
运输业	0.24	0.10	-1.28
其他服务	-0.05	-0.13	-0.64

数据来源：模型测算结果。

这几个方面的变化情况都说明情景二即劳动力非出清的情况下，我们设计的地方税制改革方案促进了劳动力要素的就业，进而推动带来了经济增长和产业结构优化。

（3）劳动力和资本非出清假设（情景三）时的改革方案效果（见表8-4）

表8-4　劳动力和资本非出清时改革方案对产业结构的影响　单位：%

行业	产出	需求	价格
农业	0.02	-0.01	0.2
畜牧业	0.29	0.01	0.18
采掘业	0.9	0.09	-0.1
食品	-0.11	-0.44	2.3
纺织	0.25	-0.29	1.32
轻工	0.44	-0.28	1.21
重工	0.52	-0.24	1.05
公共服务	1.68	0.35	-0.81
运输	0.73	0.57	-1.37
其他服务	0.44	0.38	-0.73

数据来源：模型测算结果。

考虑劳动力和资本都非出清的闭合三情景的效果较前两种情况发生了较大的变化，除食品业外其他行业的产出均为增长，各行业的需求相对更大，价格相对较低。价格方面，公共服务、运输和其他服务的价格分别下降了0.81%和1.37%和0.73%，下降幅度均高于前两种情景，采掘业下降了0.1%，其他行业产品的价格仍为增加。主要是因为方案中对于商品在零售环节增加了5%的零售税，因此商品的价格会直接受到影响而升高。而对于服务业，由于将交通运输业和建筑业并入了增值税的征收范围，因此税负有所下降，价格相应降低。可见，由于假定劳动力和资本都非充分就业，改革方案通过调整不同环节、不同行业的税负，拉动和调整了人力资本和投资的流向，进一步加剧了行业结构调整的程度。

从需求情况来看，公共服务、运输和其他服务业的需求都为增长，分别为0.35%、0.57%和0.38%，畜牧业和采掘业也稍有增长，分别为0.01%和0.09%，其他各工业行业和农业的需求仍有小幅降低，但幅度较小。可见，在劳动力和资本都非充分就业的情况下，改革方案刺激了就业和投资的增长，进而带来了更大幅度的需求增长。

从产出来看，情况与之前的闭合发生了较大的变化：除食品业稍有降低外，所有行业的产出均为正增长。而且在该情景时各个服务业的产出增长都很大，其中，公共服务业产出增长1.68%，居首位；其次是运输业和其他服务业的0.73%和0.44%。这也说明情景三时的改革方案对于经济的刺激更大，对于产业结构特别是服务业的发展也有更大的促进作用。

各行业产出变化情况如图8－1所示。

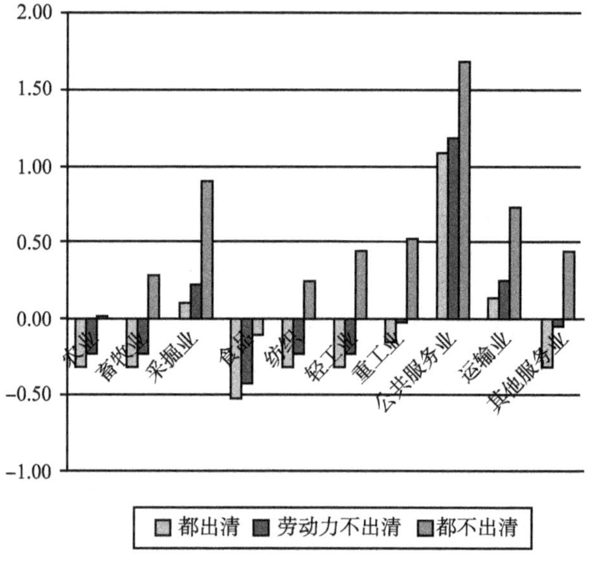

图8－1　各行业产出变化情况

因此，综上所述，当考虑劳动力和资本都非出清时即情景三的情况下，税制改革方案对经济结构调整的作用最大，且对于服务业的推动作用更为明显，能够更为有效地促进服务业的发展，以及促进经济结构的升级。

8.1.2.2 对产业结构的评价标准和度量

上文对地方税改革方案对产业结构的影响进行了模拟，然而，产业结构是否优化涉及诸多因素，单独对各行业价格、产出及需求等变量进行分析并不足以令人信服。那么有没有一个相对客观的评价体系可对产业结构是否优化作出评估呢？这里我们借鉴干春晖、郑若谷等在2011年提出的衡量经济体产业结构的两个维度和指标——产业结构的合理化和产业结构的高级化①，来对产业结构的影响作出评估。

（1）产业结构的合理化

产业结构的合理化是指各个产业之间的耦合程度和聚合质量，它是要素投入的结构和产出的结构两者耦合程度的衡量，它反映了各个产业之间的协调程度，同时还能反映资源有效利用的程度。

①结构偏离度 E。对于这种耦合程度的衡量，学界一般采用结构的偏离程度来对产业结构的合理化进行衡量，其公式为：

$$E = \sum_{i=1}^{n} \left| \frac{Y_i/L_i}{Y/L} - 1 \right| = \sum_{i=1}^{n} \left| \frac{Y_i/Y}{L_i/L} - 1 \right|$$

式中：E——结构偏离度；

Y——总产出；

L——总就业；

i——第 i 个产业；

n——总的产业数。

由于经济最终是处于均衡状态的，即各个产业的生产率水平相同，因此当经济均衡时有总生产率 Y/L 等于各部门的生产率，即 $Y_i/L_i = Y/L$，从而能得到 $E = 0$。对公式变形，得到右边的表达式，其中 Y_i/Y 表示产出结构，L_i/L 表示就业结构，所以 E 能反映产出结构和就业结构的耦合程度（Chenery et al.，1989）。

②泰尔指数 TL。但是，在这种定义中，结构偏离度指标忽视了各个产

① 干春晖，郑若谷，余典范．中国产业结构变迁对经济增长和波动的影响［J］．经济研究，2011（5）．

业在经济体中重要程度的不同，把各产业同等看待，为解决这个问题，干春晖、郑若谷又引入了泰尔指数，由于它能够考虑产业的相对重要性，因此也很适宜于度量产业结构的合理性。干春晖等在他们的研究基础上重新定义了泰尔指数，计算公式为：

$$TL = \sum_{i=1}^{n}\left(\frac{Y_i}{Y}\right)\ln\left(\frac{Y_i}{L_i}\bigg/\frac{Y}{L}\right)$$

TL 指数考虑了各个产业不同的重要性并且进行了指数化，并且对结构偏离度的理论基础和经济含义的刻画明确，因此是一个更好的产业结构合理化标准。当经济处于均衡状态时，与 E 值相同，TL 也等于0。

（2）我国产业结构高级化的衡量

①非农产业比重 TN。即对产业结构升级的衡量，[①] 表达式为：

$$TN = Y_N / Y_A$$

根据定义可知，为非农产业的产值比上农业产业的产值，TN 越大表示经济中非农产业的比重越大，标志着产业结构愈去农业化。

②服务业产业值比 TS。无可否认，服务业的发展日新月异，仅仅用这种非农产业比重作为指标很难反映出经济结构的这种“服务化”的动向。很显然，在最近的几十年里世界各国的服务业发展迅猛，在一些发达国家里已经完成了服务业对工业的超越，产业结构升级的一种重要特征就是经济结构的服务化。吴敬琏在2008年指出，服务业的增长率要快于工业的增长率，本书借鉴干春晖等提出的服务业产值与工业产值的比值（TS），将其作为产业结构高级化的一个度量指标。这个指标能清楚地表明产业结构是否是向“服务化”的方向发展，对于当前我国以第二产业占主导地位向第三产业升级的情况更为适合。可表示为：

$$TS = Y_3 / Y_2$$

根据定义可知，TS 越大表示经济中服务业的比重越大，标志着产业结构愈高级。各个闭合情景下分别计算四个指标，得到表8－5结果。

---

① 配第－克拉克定理是提示经济发展过程中产业结构变化的经验性学说。早在17世纪，西方经济学家威廉·配第就已经发现，随着经济的不断发展，产业中心将逐渐由有形财物的生产转向无形的服务性生产。经过经济大样本观察，配第与克拉克两位经济学家先后发现，随着人均国民收入水平的提高，劳动力首先从第一产业向第二产业转移，当人均国民收入水平进一步提高时，劳动力便向第三产业转移。

表8－5 产业结构评价标准计算结果

情景	结构偏离度（E）	泰尔指数（TL）	非农产业的比重（TN）	服务业与工业产值的比值（TS）
基准情况	0.3462	0.464	7.039	0.883
情景一	0.3331	0.462	7.149	0.890
情景二	0.3276	0.463	7.316	0.903
情景三	0.3231	0.382	7.533	0.915

数据来源：根据模拟结果计算得出。

根据表8－5的计算结果可知，在三种情景下，地方税改革方案都能使E值和TL值降低，即促进产业结构的合理化；同时使TN和TS值增大，即促使产业结构高级化。从三种情景的比较来看，情景三即要素不出清时，本书提出的地方税改革方案对产业结构合理化和高级化的促进作用更强。

8.1.3 对生产方式转型的影响

党的十八大在《中共中央关于全面深化改革若干重大问题的决定》中进一步明确了当前和今后很长一个时期内经济发展的一个原则，同时也说明有助于生产方式转型是税制改革进一步发展和完善的方向。

8.1.3.1 生产方式转型的内在要求

近30多年来，中国经济高速发展，取得了举世瞩目的成就，但结构不合理的矛盾日益突出，尤其是近几年来，中国更是承受着国内外的双重压力，经济结构和生产方式转型的压力也愈加强烈和急迫。

国家信息中心经济预测部研究员张茉楠指出：从外部看，美国、欧洲等国家提出制造业回归，在金融危机后，奥巴马提出了再工业化战略，包括政策支持、资本回流等，对中国制造业形成了竞争压力；在低端制造业方面，中国的劳动力和原材料成本优势越来越小，越南等发展中国家对中国形成了一定竞争压力，高端制造业有发达国家堵截、低端制造业有发展中国家追击；从内部看，当前国内面临人口红利减少、要素成本上升、竞争力落后、产业基础薄弱等问题。可以说，中国当前受到了内外夹击，如果不进行经济结构转型升级，未来就没有出路，中国若不尽快进行产业升级，很快就会被边缘化，被淘汰。①

“十二五”规划将生产方式转型的内涵进一步丰富，博鳌亚洲论坛国际咨询委员会委员龙永图将生产方式转型的内容归纳为如下几个方面：经济增长从更注重数量向更注重质量的方向转变；经济的结构从以制造业为主向以制造业、服务业和现代农业共同发展的方向转变；经济增长的动力从过去主要依靠投资和出口向依靠投资、出口和内需，而且以内需为主导的经济增长方式转变。

“十三五”规划提出了要在保持经济增长、转变经济发展方式、优化产业结构、推动创新驱动发展、加快农业现代化步伐、体制机制改革、协调发展、生态文明建设、促进民生和扶贫开发等十大领域取得明显突破。“十三五”期间，如何推动发展方式加快转变，应在“十二五”规划实施以来所围绕的“为什么要加快转变发展方式、发展方式转变的原则、要求是什么”等理论问题研究，及发展方式转变的探索实践基础上，深入探讨发展方式转变的现实基础及推动发展方式转变取得重大进展的思路。

8.1.3.2 地方税制体系与生产方式转型

1994 年的分税制改革对于地方税系的税收收入筹集的规范性、对经济增长的促进等方面成效显著，但不可否认，也造成了一些不良影响，尤其是我国经济步入新的发展阶段，其中的一些问题变得愈加严重和不容忽视。

这其中非常重要的一点就在于现有的地方税体系不利于经济发展方式转变。根据图 6－5 可知，当前地方税系最主要的收入来源于企业所得税和增值税等。这其中很多重要税种，如增值税主要课征于生产环节，因此扩张工业产能在推动 GDP 增长的同时，还能大幅增加税收的收入。此外，工业环节的增值税是价外税，易于产生税负转嫁，税收所产生的价格上涨会转嫁给下一环节，对企业当地的不利影响较小。因此这种种因素促使地方政府不顾资源环境的代价以及产能是否过剩等问题，一味追求工业规模的扩张。由于所有的地方政府面临的情况都一样，导致各地竞相上马大型工业项目，这也是当前很多工业行业重复建设和产能过剩的重要原因。

8.1.3.3 地方税改革方案对生产方式转型的影响

根据上文所述，现有的地方税中的主要税种对流动性税基征税锁定了

① 引自《中国经济正抓住转型升级良机（如何看待当前经济形势）》，人民日报海外版，2012 年 09 月 12 日，第 02 版。

粗放型经济增长方式。在本书设计的地方税改革方案中将增值税和企业所得税划归中央税，原营业税中的建筑业和销售不动产业的税收也划归中央政府，这样地方政府依赖的企业规模的外延式扩张所带来的收益将不复存在，地方政府不再有动力去刺激工业产能的扩张和房地产业的发展，原有税制体系对经济增长方式的不良影响也可以降低。楼继伟（2013）也指出：在原有体制下地方政府增值税分享比例过高，不利于有效遏制地方追求数量型经济增长的冲动，财税体制是这一问题症结，地方税制的改革应从根本上解决维持地方财力和抑制粗放型增长的矛盾。

从测算结果来看，改革方案对于采掘业、重工业、纺织业和轻工业这些我国目前存在较为严重的产能过剩的行业的产出影响为负，而使服务业的产出有较大增长，如情景三中公共服务业产出增长 1.68%，居首位，运输业产出增长 0.73%，居次席，其他服务业产出也增长了 0.44%，整个服务业的产出都有了较大的增长。这充分说明该方案有助于改变当前我国过于倚重第二产业的产业结构，有助于从高投入、高耗能的“制造型”生产结构向更为协调、更为可持续发展的“服务型”生产结构迈进。从对我国产业结构合理化和升级化的指标测算结果也可以看出，无论哪种闭合，改革政策都能带来我国产业结构合理化和升级化的正向收益，这些充分说明了本书设计的地方税制建设方案能够实现由主要依靠第二产业带动向依靠三次产业协同带动的转变，有利于实现产业协同发展以及经济发展方式转变。

8.1.4 对扩大内需的影响

当前我国经济运行的一个突出矛盾是居民消费需求疲软、产能过剩问题长时间得不到改善。近一二十年来，在种种因素的作用下，我国居民消费占国内生产总值的比例一直在降低，2011 年低至 34.9%，而世界上大部分国家的消费率多在 60% ~70% 之间。面对当前政府投资高增长难以为继、外部市场动荡的复杂环境，要保持经济的可持续增长，必须充分发挥市场的作用，启动消费的力量，把推动经济增长的动力从以政府高投入为主转向依靠投入与扩大消费并重上来，把经济工作的重心转移到启动市场需求的力量上来。

从测算结果来看，地方税制改革方案能够带来服务业价格的下降从而有效刺激其消费需求的增长。由表 8 -6 可以看出，当假定要素出清时，各行业的需求都稍有降低，效果并不理想。当假定劳动力不出清时，仅运输业的需求增长了 0.10%，可见在劳动力非充分就业的情况下，改革方案刺激了就业进而带来了更大幅度的需求增长。当假定劳动力和资本都不出清时，需求形势明显好转，多数行业都为增长，总体来看，服务业的需求增加最大，运输业的需求增幅最大，为0.57%，其他服务业的需求增量位居第二，为0.38%，而工业需求仍为降低。这主要是因为方案对工业品的零售环节加税，会给价格带来一定的冲击，从而造成工业产品需求的下降。

表8-6　　不同闭合条件下各行业需求的变化情况　　单位：%

行业	都出清	劳动力不出清	都不出清
农业	-0.25	-0.19	-0.01
畜牧业	-0.35	-0.26	0.01
采掘业	-0.36	-0.26	0.09
食品	-0.79	-0.71	-0.44
纺织	-0.74	-0.64	-0.29
轻工	-0.80	-0.69	-0.28
重工	-0.77	-0.65	-0.24
公共服务	-0.20	-0.08	0.35
运输	-0.02	0.10	0.57
其他服务	-0.28	-0.13	0.38

数据来源：模型计算结果。

各行业需求变化情况如图8-2所示。

本书设计的改革方案是以开征零售税作为地方税系改革的核心，将零售税设计为地方税的主体税种，其税源来自辖区内居民的消费。这一设计方案从制度上将地方政府的核心利益与居民消费绑定，辖区居民消费额的高低将直接影响地方政府的“钱袋子”的厚薄，地区间的横向竞争也必然转向促进本辖区内消费的发展而非当前的推动工业投资的竞争。这一举措必将引导地方政府转变思路，从以往的一味推动工业建设投资转向以完善消费基础设施、促进居民消费需求和能力建设上来；从更多地维护厂商利益转向更多地维护消费者利益上来。

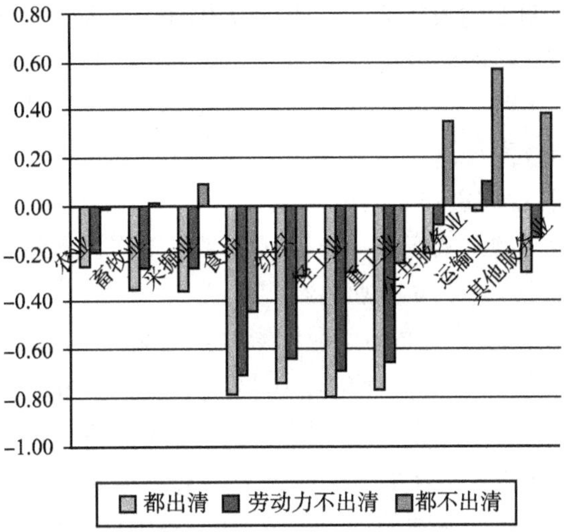

图8－2　各行业需求变化情况

此外，由于全面推开营改增试点之前建筑和和销售不动产业征收的营业税归地方政府所有，且这部分税收占整个营业税收入的1/2强，这强烈地激励了地方政府刺激房地产市场投资扩张、维护房地产价格高位运行的冲动。而本改革方案中，将营业税中的建筑业和销售不动产的部分划为中央税，能够有效抑制这种冲动，有利于中央房地产价格宏观调控的落实贯彻，长期来看可以起到抑制房价过快上涨的作用。当前我国内需不足的一个原因就在于高房价和社会保障的供给不足，居民收入和财富形成挤占，因此把房地产相关行业的税收调整至中央政府，有助于房价上涨问题的缓解，从而也有助于释放居民消费需求，增加日常消费比例以及房地产及下游产品的消费。

扩大内需的另一个重要途径就是增加就业。就业是消费的前提和保障，从结构上来看，是消费结构在供给端的反映和体现。我国当前依然存在着较多结构性失业情况，对于这部分人群来说，只有获得工作机会，才能有能力去消费。从测算结果看，当假定要素出清时，农业、畜牧业、食品、公共服务业和运输业的就业有所增加，挖掘业、纺织业、轻工业就业稍有下降，由于假定要素出清，因此总体的就业量不变。

可见，在劳动力和资本都非充分就业的情况下，改革方案刺激了就业和投资的增长，进而带来了更大幅度的需求增长。因此，本书中的地方税改革方案能够有效推动消费需求的增长，这对于当前在政府高投入不可持续，出口形势不明朗的情况下，由依靠政府的高投入为主转向扩大消费和内需上来，从而保持经济的可持续增长的战略指向是一致的，本书中的改革方案有利于扩大内需，有利于增加消费占国民生产总值的份额，有利于经济的长期可持续发展。

8.1.5 对就业的影响

解决好就业问题是政府的一项极其重要的工作，衡量税制改革优劣的一项重要指标也是考察其对就业的影响。

表8－7给出了改革方案对就业的影响。从测算结果看，当假定要素出清时，仅公共服务业和运输业的就业呈增加态势，分别增加了1.1%和0.16%，其他行业的就业都有所下降，由于假定要素出清，因此总体的就业量不变为0。可见，本改革方案能使劳动力从纺织、轻工、重工等需求过剩的行业流出，流向其他的如公共服务业、运输业等行业。

表8－7　　改革方案对就业的影响　　单位：%

行业	情景一	情景二	情景三
农业	-0.4	-0.27	0.05
畜牧业	-0.25	-0.09	0.37
采掘业	0.1	0.27	0.9
食品	-0.51	-0.3	-0.11
纺织	-0.2	0.04	0.25
轻工	-0.15	0.11	0.44
重工	-0.13	0.12	0.52
公共服务	1.1	1.32	1.68
运输	0.16	0.49	0.73
其他服务	-0.17	0.08	0.44

数据来源：模型测算结果。

不同情景下改革方案对就业的影响如图8－3所示。

当假定劳动力不出清时，税制改革方案对就业的拉动效果更为明显，仅农、牧业和食品业下降，其他行业都有所增长，其中增长最多的仍为公共服务业和运输业，分别增加了1.32%和0.49%，说明改革方案能够有效增加就业，进而拉动消费。

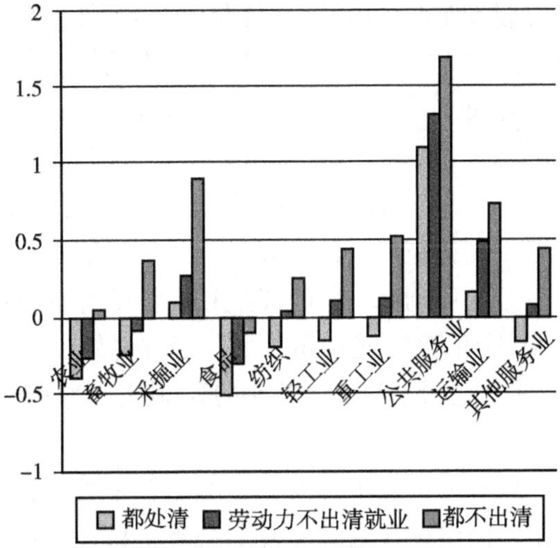

图8－3　不同情景下改革方案对就业的影响

当假定劳动力和资本都不出清时，除食品业外全部行业的就业都能得到较大增长，其中运输业的就业收益最大，公共服务业、运输业和其他服务业分别增长1.68%、0.73%和0.44%，说明在劳动力和资本都不出清时，我们设计的税制改革方案能够有效拉动就业，并且，从就业结构来看，是更加有利于服务业的就业，这也符合当前从“以第二产业为主体”向“三次产业均衡发展”政策方向。更进一步地，该改革方案在要素非充分就业的萧条时期能发挥更为良好的效果，也就是说该方案能够更好地起到“自动调节器”的作用。

8.2　改革方案的公平效应

效率和公平这一对对立统一的原则一向是各项税制改革所必须考量的标准，而一国特定历史阶段的税制改革原则的选取则取决于经济发展水平和经济发展的内在需要。从我国的税制改革实践来看，过去我国的经济基础差、底子薄，政府的首要任务就是发展经济，在这种外部需求的约束下，我国税制的指导思想为“效率优先，兼顾公平”，也就是说效率是第一位的，税制设计以取得财政的收入以及提高经济效率为首要目标，而公平只是在效率之余的一种补充。

然而，随着我国经济的高速发展，社会经济形势发生了很大的变化，一方面我国经济总量跃居世界第二，但人均 GDP 和平均收入水平仍然很低，因此转变经济发展方式，促进经济发展效率的提高依然是我国中产期的战略目标；另一方面，当前我国城乡间、地区间存在着较为严重的发展失衡和收入分配不公，贫富差距进一步拉大，2013 年基尼系数达到 0.473，收入分配的公平问题已不容忽视。在此状况下，显然先前的“效率优先，兼顾公平”原则已不能适应形势的发展，一些学者如安体富等提出了“公平优先，兼顾效率”的原则①，然而综合来看，我国面临的国际国内政治经济形势复杂，既要继续发展经济，将“蛋糕做大”；又要注重公平，把“蛋糕分匀”，因此我们认为，当前的税制改革原则应该是“效率和公平并举”。

人们对公平和效率的认识不尽相同，但综合来看，公平原则主要包括两个方面，一是指不同纳税人之间的税负公平，特别是税后可支配收入的公平；二是指地区间如东西部之间和城乡之间的税负公平。下面我们就分两个维度对改革方案的公平效应进行分析。

8.2.1 对居民税负分配的影响

我国税制结构中间接税占主体规模，近年来直接税、间接税的比例基本为三七开，而间接税是具有累退性的，这就易于造成居民税负的不公，这也是现行税制备受争议之处。当前为了降低其累退性所带来的不公的方法为在基本税率之外再设置低档税率，适用范围有粮食、暖气和农产品等商品。然而这种设置低档税率却不一定能让居民享受到全部的好处。这主要是因为这些商品除了可以用作最终消费外还可以作为投入品用作企业的下一生产环节，这样政府损失了税收，而减税的实惠居民却没能享受到，实际上好处被企业拿走了。例如，暖气、自来水等可以被制造性企业用于工业用途，粮食和水果可能被企业购买用作酿酒。此外，当前的增值税由于企业类型多种多样，税率难以统一，现行的多档税率容易导致“高征抵扣”和“低征高扣”的问题，带来税负分配不均衡的问题。

在本书方案中，开征零售税后应尽量统一增值税税率，并通过调节零售税来直接调节居民税负的分配。这时再对食品、农产品实行低税率，由于零售税是在销售的终端环节征收，所以减税能够直接降低居民的税收负担，居民能够得到直接的实实在在的好处。与此同时，可以调高高档消费

---

① 安体富，王海勇．公平优先兼顾效率：财税理念的转变和政策的调整［J］．税务研究，2006（2）：28－34.

品和奢侈品的税率，增强其累进性，起到调节高收入高消费者的作用。在当前我国一方面总体内需不足，另一方面消费攀比、奢靡之风盛行的情况下，该方案有利于鼓励基本消费、引导正常消费以及抑制奢侈消费。这种“一扬一抑”的引导机制表明零售税的开征及合理的税制设计能够充分地起到对居民税负分配的调节作用，能够更好地发挥改革方案的公平效应。

8.2.2　对地区差异的影响

众所周知，1994 年分税制改革的一项重要成就是促进了地区间激烈的横向经济竞争，从而有效推动了经济的快速增长。然而，作为硬币的另一面，这种激烈的横向竞争以及“盯住增值税收入”的税收返还和转移支付机制设计引发了横向恶性税收竞争和地区财力的差距加大，也愈发加重了地区间的不平等。可以说，1994 年的分税制体系很好地体现了效率原则，但在对地区间的公平效应方面却存在着明显的不足。

比较我国各地区的增值税额和零售税额的变异系数，分别为 0.963 和 0.836（吕冰洋，2013），这说明开征零售税确实能够缩小地区间的财力差距。主要的原因在于各地区间的工业发展状况的差距远大于商业发展的差距，从而由商业提供税源的零售税对地区间差异的影响远小于由工业提供税源的增值税。即地方税主体从增值税向零售税的转变必然降低地区间的差异。

8.3　改革方案的财力效应

税收的一大根本职能就是收入筹集，因此，考察税制改革的合理与否和是否可行最后还必须关注它的收入筹集的能力，落实到能够收到多少税，中央和地方分别能得到多少，以及各个地区分别能够得到多少。下面我们就从这三个方面来进行分析。

8.3.1　对总体收入的影响

世界税制改革经验表明，即使是以减税为主旋律的税制改革也必须保证国家财政收入基本稳定。该方案对商品在销售环节统一征收 5% 的零售税，同时将增值税税率调整为 13%，变动较大，势必对我国的税收收入规模造成影响。那么具体是会增加还是减少？如果增了能增收多少？如果减了会减多少？税收收入降低后能满足我国的财政支出需求吗？

税制改革对税收收入的测算是一个很复杂的问题，对于间接税来说涉及各个行业的税率及税收变化情况，对于直接税来说涉及各类各种要素的税负实际变化情况。CGE 模型能很好地解决这个问题，它能通过一般均衡的方法计算税制改革方案对整个经济中各行业、各环节的税收的影响，从而得出具体的税收收入变化情况。我们利用 CGE 模型计算出在闭合一，即所有要素出清的假设下税收收入下降 1268 亿元；在闭合二中，即假设劳动力非出清时税收收入下降 1251 亿元；在闭合三，即假设劳动力和资本都出清时税收收入下降 1169 亿元（见表 8－8）。由于现行增值税纳税人有大量的小规模纳税人，其税基为销售收入，税率为 3%，这一部分增值税收入不会发生改变，因此，实际的税收收入应该比测算值更小，也就是说税收收入大体没有变化。即该改革方案在税收收入筹集的方面来看，能够保持税收收入规模的稳定，有利于政策的平滑过渡。

表 8－8　　不同情景下的税收变化情况　　单位：亿元

方案	税收变化
要素出清时（闭合一）	－1268
劳动力不出清（闭合二）	－1251
劳动力和资本都不出清（闭合三）	－1169

数据来源：模型测算结果。

8.3.2　对中央和地方财力的影响

地方税改革的一个重要目标就是理顺中央政府和地方政府间的关系，这其中的核心之处就在于改革方案对中央和地方财力的影响。

首先，我们看一下改革方案中从地方政府转移出去的税收收入，其主要有两部分，一是增值税地方分成部分；二是交通运输业和建筑业的营业税。2012 年国内增值税为 26415.51 亿元，地方政府获得的增值税收入为 6603.88 亿元。2012 年全国营业税收入为 15747 亿元，其中交通运输业和建筑业的营业税占全部收入的 29%，约为 4566 亿元。两者相加为 11169.63 亿元。

再来看改革方案中地方政府新增的收入，即零售税收入。零售税的税基为社会消费品的零售总额，2012 年社会消费品零售总额为 207167 亿元，按本方案中的零售税税率为 5% 来计算，大致上可以实现 10358.35 亿元的税收收入。

由图 8－4 明显可见，对地方政府来说，左方减少的收入和右方增加的收入大体相等，那么一加一减后总收入基本不变，也就是说改革方案实施之后地方税收收入总量不变。这样，中央政府和地方政府财政收入的规模大致保持，各主体的利益得以保护，有助于减小改革的阻力。图8－5为改革前后的税收总量及其央地占比情况，可见总额基本相等，分配格局也基本不变。

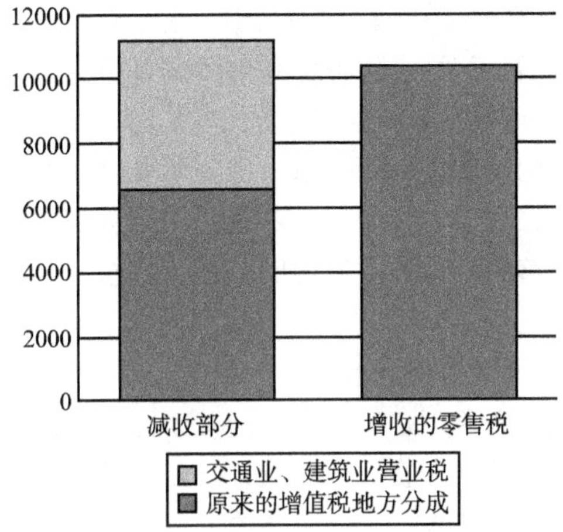

图8－4 地方税的增收和减收情况及构成

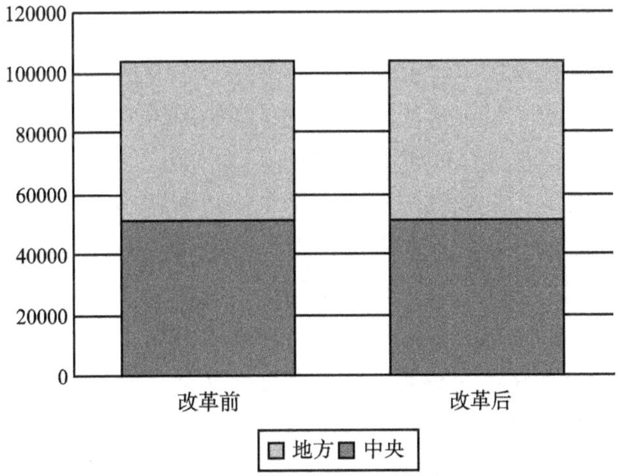

图8－5 改革前后税收规模及中央和地方的分配情况

需要说明的是，以上的初步测算是建立在保持现行政府间事权分配和转移支付规模不变基础之上的，也就是说中央和地方的财力和收入规模的格局基本不变。但当前改革的一个重要趋势是政府事权范围的明晰以及各级政府财权与事权的匹配。即如果事权逐渐上移，则地方政府的支出压力将降低，相应地可以调整零售税和增值税的税率以灵活应对。

另外，从长期来看，零售税的增长潜力很大。近20年来，我国居民消费占国内生产总值的比重持续下降，2011年的消费占比为34.9%，大大低于世界大多数国家60%~70%的消费比例。随着政府促内需政策的推进落实，以及居民收入增长和社会保障体系的不断完善，我国居民消费将会持续上升，相应的零售税也会随之迅速增长。同时，伴随着居民收入的不断提高，个人所得税的税基也不断拓宽，收入筹集能力良好。因此，本书改革方案中设计的地方税主体税种——零售税和个人所得税都是成长性非常好的税制，完全能够满足地方政府的财政支出需求，足以担当起地方税主体税种的重任。

8.3.3 对地区间财力的影响

地区间的财政收入差距是衡量地区间贫富差距的重要指标。从我国地区间财政收入差距来看存在着两个问题：一是经济发达地区的税收收入日益高于落后地区的税收收入；二是财政收入日益流向中央政府和省市级政府，基层政府财政出现困难。这两种情况的出现和当前分税制体系的制度设计密切相关。

此外，由于各地区间的工业发展状况的差距远大于商业发展的差距，从而由商业提供税源的零售税对地区间差异的影响远小于由工业提供税源的增值税。因此地方税主体从增值税向零售税的转变将会减少这种税基的差距程度，从而降低地区间财力的差异。

最后，从政府层级来说，1994年分税制改革明确了中央政府和地方政府的财力和财权划分后，各地省级和市级政府也纷纷效仿，加强本级政府财力，形成“财权层层上移，事权层层下移”的局面，这种做法造成基层政府的支出缺口越来越大，困难县的数量逐年增加。这种现象和现行分税制对各级政府的事权划分模糊和转移支付制度不尽合理有关。现行的转移支付制度的主要部分是税收返还和原体制补助及各种专项转移支付，而均衡地方财力的一般性转移支付比例过低。在我国，一般来说越是上级政府越对应的是城市，而越是下级政府越对应的是农村，因此，这种基层政府财力不足，上级政府财源充足的状况在实质上增加了城乡间的差距。

假定劳动要素非出清时的改革方案效果优于假定要素都出清时的效

果，假定劳动和资本都非出清时的效果优于仅假定劳动非出清时的效果，这表明在萧条的情况下，该改革方案能够有效拉动要素的就业和投入，从而产生良好的经济社会效果，也说明本书的地方税方案设计能有效地发挥税收的“自动稳定器”作用，具有良好的自动调节功能。

因此，综合来看，以开征零售税为纲的地方税制改革方案是一个能统筹兼顾效率和公平的税制改革方案，值得进一步分析研究并探索实施的可能性。

第9章　结论与政策建议

9.1　本书研究结论

税制改革是当前政府推进经济体制改革的重要一环，也是经济发展的必然要求。改革开放40年来，我国经济发展取得了举世瞩目的成就，这其中高效的税收制度功不可没；然而随着时代的变迁，社会、经济、政治各方面都发生了巨大的变化，事实上当前我国正处于面临经济和社会发展方式转型的十字路口。纵观历史，每一次的经济和政治的变革必然要求并最终带来税收制度的改革。党的十八届三中全会明确提出要“完善立法”“改革税制”，这标志着继1994年分税制改革之后的新一轮税制改革即将启动。税收制度是政府进行宏观调控的重要手段，税收制度的任何变化都将带来较大的利益调整和资源再分配，因此尽快做好充分详尽的研究分析，设计合理有效的税制改革方案势在必行。

本书在深入研究税收制度存在的问题的基础上，提出从效率的角度评价和设计，根据税收超额负担的计算结果，设计了具体的税制改革方案。具体而言，基于GTAP项目的研究基础构建了CGE模型，计算出我国和其他四国的税收超额负担。针对我国税收制度面临的两大问题：税制结构和地方税体系问题，进一步计算了分税收类型和征收环节的超额负担，在此基础上针对这两个问题设计了两个方案。

方案一：对于税制结构问题，应降低间接税的比重，逐步提高直接税比重。

本书从税收对经济扭曲程度的角度，利用CGE模型对中美等五国的税收超额负担进行了全面的测算和比较，在此基础上测算了我国减税的经济效应。分析结果表明，我国每征收 1 单位税收，产生 0.24 单位的超额负担，从税收超额负担的结构来看，间接税的税收超额负担为 378 百万美元，直接税超额负担为 463 百万美元，说明适度提高直接税能增加社会福利，降低间接税能增加社会福利。从税收超额负担的国际比较看，我国的税收超额负担处于中等水平。从减税效应测算来看，减税能降低物价、增加需求、提高社会福利；调降间接税方案的社会福利比整体降税方案的更大。因此，在我国间接税为支柱地位的背景下，适度调整直接税、间接税比重，推行结构性减税政策有助于减小税收对经济的扭曲程度。

方案二：对于地方税问题，本书提出的一种思路是，尝试在消费环节开征零售税，同时对生产环节的增值税降低税率，从而建立地方主体税种，保障地方合理财力。

通过对不同环节的税收超额负担的计算，得出对我国生产环节减税 1% 将带来 353.46 百万美元的福利收益，而对消费环节减税将带来 167.86 百万美元的福利收益，可见，生产环节减税的收益远大于消费环节减税的福利收益。因此在保证总体收入规模大体不变的前提下可以适度调减生产环节税负，增大消费环节税负。据此，我们设计了在消费环节开征零售税，同时对生产环节的增值税降低税率，同时将个人所得税归为地方税的综合改革方案，以期起到完善地方主体税种，并削减地方政府财源对投资的依赖及减小地区差异的作用。

在此基础上，测算了调整税收结构和地方税建设的改革方案的具体效应，包括效率、公平和财力三个方面。结果显示，对间接税减税的方案在效率方面能显著改善产业结构，转变经济发展方式，并对扩大内需和就业有积极作用；在公平方面有助于居民税负分配并减小地区间差异；在财力方面，会产生一定的税收收入减少，但在财政可承担的范围之内。

对于地方税建设方案的测算显示，该方案对于经济增长、产业结构调整、生产方式转型、扩大内需和促进就业都能起到良好的效率效应。公平效应方面，该方案由于改善了现行增值税、营业税等分成机制设计造成的地方政府对外延型投资扩张的冲动，能够有效增强税制的地区间和居民间公平。对税收收入的测算也显示，该方案造成的税收收入减少在要素非出清时为 1169 亿元左右，减少幅度较小，基本能保证政策的平滑过渡。

此外，本书的一个创新之处在于分析了我国劳动要素和资本要素是否出清，并据此设计了在不同的宏观闭合下的测算方案。最终结果表明，假定劳动要素非出清时的改革方案效果优于假定要素都出清时的改革政策效果，假定劳动和资本都非出清时的效果优于仅假定劳动非出清时的效果。这表明在萧条的情况下，税制改革方案能够有效拉动要素的就业和投入，从而产生良好的经济社会效果。这也说明本书的两项税制方案设计能有效发挥税收的“自动稳定器”作用，具有良好的自动调节功能。

9.2 政策建议

9.2.1 税制改革的总体设计

税制改革必然受到经济发展水平、发展方式及政府社会经济政策的影响和约束。当前我国推进的税制改革需要充分考虑所处的经济发展方式转变的大前提、大背景，并确立新一轮税制改革的基本方向。

“十三五”规划在“改革和完善税收制度”中提出，要“按照优化税制结构、公平税负、规范分配关系、完善税权配置的原则，健全税制体系”，提出要“扩大增值税征收范围”，“完善个人所得税”，“逐步健全地方税系”。《中共中央关于全面深化改革若干重大问题的决定》进一步提出要“加快转变经济发展方式”，“深化财税体制改革”，必须“完善立法、明确事权、改革税制、稳定税负”。这些论述表明，我国税制改革正面临着整体性的顶层设计。

众所周知，全面推进税制改革必然会触及现有的财政体制框架，税制改革的路径探寻必然要与整体的财政利益格局相协调。根据当前经济形势和现有的政策走向，我们认为，必须在完善分税制框架的基础上，充分权衡市场与政府的关系、中央政府与地方政府的关系以及公众与政府的关系，通过顶层设计重塑新的税收制度框架。具体方向为如下三点。

一是要在理顺“央地关系”的基础上，积极完善建立地方税体系。

我国地方税系庞杂，由14个税种组成，营业税曾是主体税制。在当前营改增改革的背景下，面临着主体税制缺失的窘境。因此，选择确立主体税种培养税源，并设计合理的辅助税种，构建完备、合理的地方税体系，是“顶层设计的”关键所在①。地方主体税种应具备的主要特点有：相对固定的税基、基本稳定的税源、便捷的征管，以及有效的税收收入和产业结构调节能力。理论上来看，地方主体税种应包含营业税、房地产税等，

---

① 邓子基，唐文倩．我国财税改革与“顶层设计”——省以下分税制财政管理体制的深化改革［J］．财政研究，2012（2）．

但随着营改增的推进，营业税的主体税种地位不再，必须尽快确立新的主体税种，以保障地方税收收入的稳定和财政正常支出需求。广受关注的房地产税作为地方主体税制的方案，由于其开征存在着种种诸如技术、观念等阻碍，且房产价值作为税基存在较大的地区差异，因此短期内恐难成规模，需要寻找其他财源。我们认为在此情状下地方政府有必要开征新的税种，如零售税、资源税、社会保障税等，保障地方财税收入，并进行合理配置。

二是要建立直接税、间接税比例协调的、合理配置的税制结构。

税制结构是一国税制的重要特征，也是税制设计原则的首要体现。我国当前间接税占主体地位的税制结构是经济发展初期追求效率的体现，经过40年的高速发展，虽然经济增长取得了丰硕成果，但社会贫富差距、地区差异以及环境污染等问题凸显，对“公平”的要求愈加迫切。间接税具有的众所周知的累退性，使得当前间接税为主体的税制结构成为造成贫富差距拉大、地区差异渐增和环境污染愈烈的重要推手。根据中央政府的决定，通过“逐步提高直接税的比重”以解决这一问题；通过增加所得税、房地产税和资源税等直接税的比重，充分发挥其收入调节功能，减小两极分化。具体来说就是适时调整或归并现有税制结构中税种结构，完善财产税体系，扩大个人所得税的征收范围，推进分类和综合相结合的所得税，做到有增有减的结构调整，增强税收体系的“公平”性。

合理配置直接税、间接税比重还要对各税种通盘考虑，建立由收入环节（以个人所得税为主）、消费环节（以零售税和消费税为主）、财产保有环节（以房地产税为主）和遗赠环节（遗产税和赠与税）等环节组成的全面收入分配调节体系，加大税收的社会收入分配调节力度，促进社会公平公正与和谐发展。

三是要不断完善税收法治体系，规范税种开征，特别是税收优惠的管理和调整。

要依法治税，避免税制设置和调整上的人为性和随意性。提高税收控制能力，特别是提高第一层税收控制（也就是税收政策、税收制度的制订和调整）的开放性，在保证税制改革基本方向的前提下，实现政府与社会的信息交流，从而保证税制改革的平稳推进和顺利实现。

9.2.2 具体税种改革政策建议

根据上述税制改革的总体设计，结合当前我国税收制度的具体情况，提出如下政策建议。

9.2.2.1 间接税部分

（1）进一步推进增值税改革，减并税率，降低间接税比重

党的十八大明确指出，要“推进增值税改革，适当简化税率”。营改增作为‘十三五’时期我国结构性减税的重头戏和对全面改革的倒逼机制，有利于促进国民经济健康协调发展。

2018 年 3 月 28 日，国务院总理李克强主持召开国务院常务会议，确定深化增值税改革的措施，进一步减轻市场主体税负。会议指出，过去五年通过实施营改增累计减税 2.1 万亿元。按照党中央、国务院部署，为进一步完善税制，支持制造业、小微企业等实体经济发展，持续为市场主体减负，会议决定，从 2018 年 5 月 1 日起，一是将制造业等行业增值税税率从 17% 降至 16%，将交通运输、建筑、基础电信服务等行业及农产品等货物的增值税税率从 11% 降至 10%，预计全年可减税 2400 亿元。二是统一增值税小规模纳税人标准。将工业企业和商业企业小规模纳税人的年销售额标准由 50 万元和 80 万元上调至 500 万元，并在一定期限内允许已登记为一般纳税人的企业转登记为小规模纳税人，让更多企业享受按较低征收率计税的优惠。三是对装备制造等先进制造业、研发等现代服务业符合条件的企业和电网企业在一定时期内未抵扣完的进项税额予以一次性退还。实施上述三项措施，全年将减轻市场主体税负超过 4000 亿元，内外资企业都将同等受益。

2017 年 7 月已取消 13% 的增值税税率，2018 年 3 月又明确了制造业等行业和交通运输、建筑等行业的增值税税率分别从 17% 和 11% 降至 16% 和 10%，这些措施已在简并增值税税率上踏出坚实脚步。今后仍需要继续研究启动清理、简并现行增值税税率档次。这样不仅仅可以起到简化税制的作用，更为重要的是，简并税率级次也可能意味着税率的下调。从而能够实现流转税税负水平的降低，也就为诸如开征房地产税和资源税等提高直接税比重的措施留出了空间。

（2）建议开征零售税，建立地方主体税种，转变激励机制，促进生产方式转型

完善地方税收体系的一个首要问题就是确立地方税的主体税种。本书税收超额负担的测算结果表明，降低生产环节的税收带来的效用更大，建议借鉴郭庆旺（2013）和吕冰洋（2013）的地方税建设方案，采取开征零售税作为地方主体税种的改革方案。借鉴整合性增值税（VIVAT）模式（Keen 和 Smith，1998），根据我国的经济发展水平和当前的地方税体系存

在的问题，建议开征零售税作为地方主体税种。具体而言，将征税分为生产环节和消费环节，在商品进入零售环节之前征收增值税，并将这部分收入作为全额中央税；商品进入零售环节之后，取消现行的增值税，按照商品价格的5%开征零售税，这部分收入全部作为地方税。

这种改革方案的好处有：首先，将增值税全部划归中央税，那么工业投资的增长就不再能给地方政府带来收益，地方政府也就不再会为吸引税源而盲目推动扩大工业规模。其次是地区间的财力差距将会缩小，因为地区间的商业发展水平的差异小于工业发展水平的差异，因此，以消费作为税基的零售税的地区间差异会小于以工业生产作为税基的增值税和营业税的地区差异，这将有助于减小地区间税负和税收收入差距。此外，开征零售税有助于地方政府执政理念的转变，从主要为生产者服务转变为主要为消费者（辖区居民）服务。这是因为之前地方主要税种如增值税、营业税和企业所得税的纳税人都是企业，且工业投资的增长能给地方税收带来增长；而转变为征收零售税后，地方的主要税收收入来源于对消费额的课税，这就使得地方政府必须转变思路，对消费基础设施加大投入。

（3）调整消费税的征收范围、环节和税率，将高能耗、高污染产品及部分高档消费品纳入征收范围

党的十八届三中全会进一步明确了消费税的改革方向，提出要“调整消费税的征收范围、环节和税率，将高能耗、高污染产品及部分高档消费品纳入征收范围”。我国现行的消费税制度是1994年颁布的《中华人民共和国消费税暂行条例》确立的，虽中间经历过多次修订，但仍存在很多问题，很多内容已不符合当前的经济形势。存在着课税范围不合时宜、税率设置不合理、征收环节单一、征收率低以及计税方式不利于消费税发挥作用等问题。及时合理地调整改革消费税制度，有助于落实科学发展观、构建节约型社会，在当前面临资源环境制约的大前提下，能有效地促进环境保护和资源节约意识的提高，更好地引导生产和消费，对于促进生产方式转型具有重要意义。

对消费税改革首先要扩大征税范围，提升其对消费和生产的调节力度。一方面，要将易产生环境污染、高能耗的产品和部分奢侈品，以及部分高档消费行为纳入消费税的征收范围或提升税率档次，从而充分发挥消费税促进节能减排和调节引导消费的作用。另一方面，随着生产生活水平的提高，很多以前曾经划归高档品的产品已经成为事实上的生活必需品，因此，应当取消或调低这类产品的征税税率。如啤酒、化妆品等。

其次，要完善计征方法，调整部分应税消费品的征税环节。秉着方便征管的原则，对不同消费品可根据其不同的消费特点，在不同环节征收。例如，可将对卷烟的征收由生产环节改为在批发环节，对其计税基价采用与市场零售价挂钩的征管办法。对于成品油，建议将征收环节改为批发环节。对于小轿车，可按鼓励购买、抑制使用的原则，把征收环节由生产环节后移至购置使用环节。

（4）推动针对中小企业与“大众创业，万众创新”的减税政策

中小企业对于充分吸收就业、维护社会稳定、促进经济发展具有重要意义；新兴战略产业对于调整产业结构、转变经济增长发展方式有积极作用。截至2017年3月，国家针对创业创新的主要环节和关键领域陆续推出了77项税收优惠政策，为“双创之树”提供了一系列“养料”助其成长壮大。税务部门还专门推出了《“大众创业　万众创新”税收优惠政策指引》和图解，助力广大创业创新者更好享受税收政策红利。下一步应考虑研究相关长效机制，并帮助引导创新创业者用实用好优惠政策，充分发挥减税政策的积极社会效益。

9.2.2.2　直接税体系

（1）加快个人所得税综合制改革，扩大税基，实现有增有减基础上的增量调整

党的十八届三中全会提出要“逐步建立综合与分类相结合的个人所得税制”。而且作为直接税的重要组成部分，要注重其收入的增长，发挥其收入调配作用。下一步工作要根据个人所得税的征收对象的收入差距、家庭的综合负担能力、赡养状况以及房屋按揭等各项实际情况来综合决定是否征收、如何征收，从而充分发挥所得税的调节作用。

当前社会分配不公问题日益受到社会各界的关注，而作为调节收入分配有力工具的个人所得税却未能发挥应有的作用。我国目前分类征收的个人所得税制使得工薪所得成为事实上的个税支柱财源，而对其他所得却缺乏管控。我国的个人所得税综合制改革，一方面要提高工薪所得税的费用减除标准和项目，降低个税低端税负；另一方面要全面掌控涉税信息，将财产性、资本性与隐性收入纳入个税税源，提升高端负担。通盘考虑，充分发挥个税公平分配与熨平周期的功效。

第一，要扩大征税范围。

除工资薪金之外，应把生产经营性收入、财产租赁收入以及劳务报酬等有连续性的收入纳入个人所得税的“超额累进”征收范围之内。当前居

民的收入构成项目日渐丰富，除工资薪金所得外，其他的财产性收入也颇为丰厚。过去的个人所得税基本上只注重工薪收入这部分“流量”所得，而随着社会和个人财富的积累，财产性收入这部分“存量”收入的份额也不断增加，但这部分收入却没有纳入课征范围。事实上这部分收入正是公民间收入差距拉大的主要原因。因此，尽快推进综合和分类相结合的个人所得税制度，加强财产性收入的征管，是个税改革的重要课题。

第二，要调整税率级距，合理确定税负水平。

要借鉴国际经验，适当调低最高边际税率，减少累进的层次，将超额累进税率级次调减为5～6级。调整税负水平，特别是要降低中等收入阶层的的所得税负担，尤其是中低工薪收入者的税负。目前我国的最高边际税负在世界范围来看，都处于较高水平，个税边际税率过高容易造成高级人才的流入受阻，不利于提高经济的竞争力；税率级次过多不利于简明税制，还会造成中等收入人群税收负担的增加。

第三，要调整、规范费用扣除的标准和减免优惠政策。

我国当前的按标准扣除的方式具有累退性，高收入者获得的好处更多。可通过对高收入者的扣除标准进行限制或将扣除法改为“抵免法”，加强个人所得税对高收入和低收入阶层之间的横向公平。此外，要建立起与消费范围、物价水平挂钩的费用扣除自动调整机制，从而减轻物价波动对居民特别是中低收入者生活的影响。

（2）加快房地产税立法和相关研究，适时推进改革

2003年十六届三中全会就作出过“对不动产开征统一规范的物业税，相应取消有关收费”的政策指向，党的十八大《决定》又提出要“加快房地产税立法并适时推进改革”。党的十九大报告也提出要加快建立地方税体系，李克强总理在2018年3月5日《政府工作报告》里进一步提出要稳妥推进房地产税立法。至此对房地产税开征的探索已持续了十余年，可见这一改革方向十分必要，但难度不小。推进房产税改革，是符合国际惯例的通行做法，也是实现直接税比例增加的重要途径。开征房地产税，能实现税制对个人房产存量环节的调控，抑制房价过快上涨；更为重要的在于，长远来看能培育地方主体税种，与营改增形成联动，提高直接税比重。

房地产税收与居民的利益息息相关，因此一直以来广受关注，而房地产税制建设理应通过改革调节整个房地产行业和体系及其税收的征收环节、作用机制，起到促进房地产行业健康、可持续发展以及调整政府间利益激励的作用，因此，需要通盘考虑，充分做好各种方案的研究工作。

当前，凝聚共识，统筹兼顾，理顺房地产税费的总体改革，将现行个零散的税收和一些合理的行政收费统一改革为税收。而且重点要增加保有环节的税负，改变当前“重流转环节，轻保有环节”的做法。此外，还应加强个人房产信息的联网和管理，优化征管机制，积极推进房产税在全国范围内的课征。

（3）适时开征社会保障税和遗产税

社会保障税和遗产税是发达国家的重要税种，对于公平收入分配与熨平经济波动具有积极功效。随着我国经济的快速发展以及老龄化的加快到来，开征社会保障税和遗产税对于增加直接税比重、优化社会保障和促进社会公平都具有重要意义，应在征管配套的基础上，适时开征社会保障税、遗产税。

9.2.2.3 地方税体系

我国的地方税系庞杂，且以往几乎唯一的主体税种的营业税也随着营改增改革的推进而纳入共享税——增值税之中。从而，地方主体税种缺失，地方税体系进一步弱化，地方税收入占比进一步下降，地方财力不足的问题进一步加剧。健全、合理的地方财政体系是全面深化财税体制改革的重要基石，因此全面完善地方税体系，是全面深化税收制度改革的一个重要命题。

根据本书的测算结果，我们建议将商品和服务的课税区分为生产和消费两个环节，在其进入消费零售环节之前，统一课以增值税，并全额归为中央税；进入零售环节之后，统一课征零售税，并全额归为地方税。这样就能避免地方政府为吸引税源而盲目推动工业投资，对目前的外延型增长方式釜底抽薪。而且，由于零售税是以销售额作为税基，因此有助于地方政府的执政理念的转变——从为生产者服务转为为消费者服务。此外，由于地区间商业发展水平的差异小于工业发展水平的差异，因此此举还有助于缩小地区间财力差异。与此同时，为减轻纳税人负担，建议下调增值税标准税率，由17%降为13%左右。此外，为切实降低中低收入者的税收负担，可将一些生活必需品设为低档零售税税率，而尽量保持增值税的标准税率固定。这种做法可以保证税收优惠的好处确实由低收入者得到，而非以前在增值税设低档税率时，税收优惠的好处可能会被生产者获得。

党的十九大报告将“建立权责清晰、财力协调、区域均衡的中央和地方财政关系”放在了财税体制改革的首要位置，同时在税制改革部分明确提出了“健全地方税体系”的要求。关于地方税体系建设和地方税主体税种的内容范围较为广泛，包括了加快房地产税立法及适时推进改革、调整消费税的征收范围、环节和税率，建立综合与分类结合地个人所得税制度，以及推动环境保护税和加快资源税改革，等等。这些项目实际上都可纳入“完善地方税体系”的框架之中。

因此，开征零售税后，如果地方财力仍然存在缺口，可以考虑将个人所得税全额归为地方税。因为将个人所得税的征收归属为纳税人所在地的地方税务局，更有利于信息收集并对税务机关产生激励。此外，长期来看，开征房地产税和资源税及环境税仍是地方税建设的大势所趋和重要方向。

9.2.3　配套措施

税收体系作为一种政府财政筹集收入的形式，与其他相关的各项政策和措施并存于经济环境体系中，它们相互制约，形成了一个有机的整体。因此，要保证税制改革发挥应有的作用，促进税收体系的合理高效运行，就要保证政府其他相关措施和政策规范运作，为税收制度的健康运作创造良好的外部环境。即，除了单个税种的改革之外，税制改革的全面推进还要做好与税收相关的各项外围工作的配套措施，主要有以下几点。

9.2.3.1　要加强对税收优惠的清理、规范工作

当前，我国存在着税收优惠，尤其是区域性的优惠政策过多过滥的问题。据政府部门统计，已出台实施的区域性税收优惠政策共有30项，此外，还有一些正在申请中的区域性税收优惠政策项目。与此同时，一些地方政府通过税收返还等各种方式变相减免税，人为地制造了“税收洼地”，损害了税法的严肃性，严重影响了国家税收制度的规范性，不利于市场公平竞争，因此有必要着力进行清理整顿。

对于已出台的税收优惠政策要着手清理；对于已到期的优惠政策要坚决终止不予延续；对于未到期的要确定政策终止的过渡期；对于带有试点性质并且有推广价值的，应尽快转化普及。原则上，今后应不再允许出台新的区域性税收优惠政策，必须严格遵守税收的法律法规规定。此外，还要严格禁止各类越权的税收减免行为。

9.2.3.2　要净化税收的外部环境，强化规范征管

作为一个有机整体，税制改革的推进还需要规范政府其他的收入形式，净化税收体系的外部环境，为税收制度创造良好的外部环境。要固定和规范政府的收入渠道，重塑公共收入格局，清费立税，宏观上扩大税基，提高税收占财政收入的比重。具体来说，就是要大力推行费改税，减

少乃至取缔不合理、不合法的预算外收入和制度外收入。

税收征管也是税制改革的一项重头戏和基础保障。税收制度优化改革的一项重要保证和基础，就是要严肃税收征管，因此提高征管能力是一项基本要求。同时，要健全并逐步完善相关规章制度，统一实行规范化管理。对于税收的计划管理和考核办法也要进一步优化，加强税收监控，强化计算机和信息系统的专业化管理，同时加大稽查力度，对于违法者要严厉惩处。

9.2.3.3 要配合推进转移支付等相关财政制度的改革

作为财税制度的一部分，税收制度的改革推进及其作用的发挥也需要相关财政制度的改革配合，如预算管理制度、转移支付制度以及财权事权分配等。由于当前地方财权与事权不匹配，相当一部分支出依赖于中央转移支付，因此改革中央转移支付制度可能是现有分税制改革中最有可能的突破口和前提基础。要增加一般性转移支付的力度，加大对老、少、边、穷地区的转移支付；清理整合和规范专项转移支付，促进公共服务均等化。

目前，存在着央地间职责交叉重叠、共同管理的事项较多等问题，中央和地方间财权、事权分配不尽合理，必须通过大量专项转移支付补充地方财力，这也在客观上造成了对地方事权的干预。因此，要结合税制改革，根据税种的具体属性，进一步理顺中央和地方收入分配，在合理划分中央地方事权和支出责任基础上，实现事权和支出责任相适应，促进财税系统的整体健康运行和发展。

参考文献

[1] Ahmad E, Stern N. Alternative sources of government evenue: Illustrations from India, 1979 – 1980 [M]//The Theory of Taxation for Developing Countries. Newbery D M, Stern N H, eds. New York: Oxford University Press, 1987.

[2] Ahmed S, Croushore D. The marginal cost of funds with non-separable public spending [R]. Working Paper 94 – 95, Federal Reserve Bank of Philadelphia, 1994.

[3] Auriol E, Warlters M. Taxation base in developing countries [J]. Journal of Public Economics 89, 2005: 625 – 646.

[4] Auerbach Alan J. The theory of excess burden and optimal taxation [R]. Working Paper No. 1025, NBER, 1982.

[5] Browning Edgar K. The Marginal Cost of Public Funds [J]. Journal of Political Economy, 1976, 84 (2): 283 – 298.

[6] Browning Edgar K. On The Marginal Welfare Cost of Taxation [J]. The American Economic Review, 1987, 77 (1): 11 – 23.

[7] Ballard Charles L, Fullerton Don. Distortionary Taxes and the Provision of Public Goods [J]. The Journal of Economic Perspectives, 1992, 6 (3): 117 – 13.

[8] Campbell H F. Deadweight loss and commodity taxation in Canada [J]. Canadian Journal of Economics, 1975, 8 (3): 441 – 447.

[9] Campbell H F, Bond K A. The cost of public funds in Australia [J]. The Economic Record, 1997, 73 (220): 22 – 34.

[10] Dahlby B. The distortionary effect of rising taxes [M]//Deficit Reduction: What Pain; What Gain? Robson R, Scarth R, eds. Toronto: C. D. Howe Institute, 1994: 43 -72.

[11] Corlett W J, Hague D C. Complementarity and the Excess Burden of Taxation [J]. The Review of Economic Studies, 1953 -1954, 21 (1): 21 -30.

[12] Debreu Gerard. The Coefficient of Resource Utilization [J]. Econometrica, 1951, 19 (3): 273 -292.

[13] Devarajan S, Ghanem H. H. Thierfelder, K. Labour market regulations, trade liberalization and the distribution of income in Bangladesh [J]. Journal of Policy Reform, 1998 (1): 1 -28.

[14] Devarajan Thierfelder K, Sethaput. The marginal cost of public funds in developing countries [M]//Policy Evaluations with Computable General Equilibrium Models. New York: Routledge Press, 1998.

[15] Devarajan Thierfelder K, Sethaput. The marginal cost of public funds in developing countries [M]//Policy Evaluations with Computable General Equilibrium Models. New York: Routledge Press, 2001.

[16] Diamond Peter A, Mirrlees James A. Optimal Taxation and Public Production I: Production Efficiency [J]. The American Economic Review, 1971, 61 (1): 8 -27.

[17] Diewert W E, Lawrence D A. The marginal costs of taxation in New Zealand [R]. Report prepared for the New Zealand Business Roundtable by Swan Consultants Pty. Ltd. , Canberra, Australia, 1994.

[18] Diewert W E, Lawrence D A. The deadweight costs of capital taxation in Australia, Discussion Paper 98 - 01, Department of Economics, The University of British Columbia, Vancouver, Canada V6T1Z1, 1998.

[19] Emran M S, Stiglitz J E. On selective indirect tax reform in developing countries [J]. Journal of Public Economics, 2005 (89): 599 -623.

[20] Findlay C C, Jones R L. The marginal cost of Australian income taxation [J]. The Economic Record, 1982, 58 (162): 253 -262.

[21] Fjeldstad O. - H. Fighting fiscal corruption: The case of the Tanzanian Revenue Authority [R]. Working Paper 2002: 3, Chr. Michelsen Institute Development Studies and Human Rights, 2002.

[22] Fortin B, Lacroix G. Labour supply, tax evasion and the marginal-

cost of public funds: An empirical investigation [J]. Journal of Public Economics, 1994 (55): 407 -431.

[23] Feldstein Martin. How Big Should Government Be? [J]. National Tax Journal, 1997, 50 (2): 197 -213.

[24] Fullerton Don. Reconciling Recent Estimates of the Marginal Welfare Cost of Taxation [J]. The American Economic Review, 1991, 81 (1): 302 - 308.

[25] Harberger Arnold. *The Incidence of the Corporation Income Tax* [J]. Journal of Political Economy, 1962, 70 (3): 215 -240.

[26] Harberger Arnold. The Measurement of Waste [J]. American Economic Review, 1964, 54 (3): 58 -76.

[27] Hertel T W, editor. Global Trade Analysis: Modeling and Applications [M]. Cambridge University Press, 1996.

[28] Hertel T W, Tsigas M E. General Equilibrium Analysis of Supply Control in U. S. Agriculture [J]. European Review of Agricultural Economics, 1991 (18): 167 -191.

[29] Hicks J. Value and capital [M]. Oxford: Clarendon Press, 1939.

[30] Johansen Leif. A multi-sectoral study of economic growth [M]. Amsterdam: North - Holland, 1960.

[31] John A. The Deadweight Loss from a Tax System [J]. Journal of Public Economics, 1980: 111 -119.

[32] Karen Huff, Thomas Hertel. Purdue University, Decomposing Welfare Changes in the GTAP Model [R]. GTAP Technical paper 1 -1 -2000.

[33] Michael Warlters, Emmanuelle Auriol. The Marginal Cost of Public Funds in Developing Countries: An Application to 38 African countries [R]. World bank working paper, 2007.

[34] Pazner Elisha A, Sadka Efraim. Excess - Burden and Economic Surplus as Consistent Welfare Indicators [J]. Public Finance, 1980 (35): 439 -449.

[35] Pigou Arthur C. A Study in Public Finance [M]. Third Edition. London: Macmillan, 1947.

[36] Salanie Bernard. The Economics of Taxation [M]. Cambridge: MIT Press, 2002.

[37] Samuelson Paul. The Pure Theory of Public Expenditure [J]. The Review of Economics and Statistics, 1954, 36 (4): 387 -389.

[38] Shoven John B, Whalley John. Applied General - Equilibrium Models of Taxation and International Trade: An Introduction and Survey [J]. Journal of Economic Literature, 1984, 22 (3): 1007 -1051.

[39] Slemrod Joel. Optimal Taxation and Optimal Tax Systems [J]. Journal of Economic Perspectives 4, 1990 (Winter): 157 -178.

[40] Slemrod Joel, Shlomo Yitzhaki. The Social Cost of Taxation and the Marginal Cost of Funds [J]. Journal of Pubtic Economics, 1991, 55 (3): 407 -431.

[41] Stiglitz J E, Dasgupta P. Differential Taxation, Public Goods, and Economic Efficiency [J]. The Review of Economic Studies, 1971, 38 (2): 151 -174.

[42] Snow A, Warren R. The marginal welfare cost of public funds: Theory and estimates [J]. Journal of Public Economics, 1996, (61): 289 -305.

[43] Stuart C. Welfare costs per dollar of additional tax revenue in the United States [J]. American Economic Review, 1984, 74 (3): 352 -362.

[44] Stuart Charles. Welfare Costs per Dollar of Additional Tax Revenue in the United States [J]. The American Economic Review, 1984, 74 (3): 352 -362.

[45] Taliercio R. Designing performance: The semi-autonomous revenue authority model in Africa and Latin America [R]. Policy Research Working Paper 3423, World Bank, 2004.

[46] Zhang Tao, Zou Heng-fu. Fiscal Decentralization, Public Spending, and Economic Growth in China [J]. Journal of Public Economics, 1998 (67): 221 -240.

[47] Triest Robert K. The Relationship Between the Marginal Cost of Public Funds and Marginal Excess Burden [J]. The American Economic Review, 1990, 80 (3): 557 -566.

[48] Walmsley T L, Betina V D, Robert A, M. A base case scenario for the dynamic GTAP model [J]. Center for Global Trade Analysis . Purde University Lafayette, 2000.

[49] The GTAP 8 Data Base Documentation, GTAP Technical Paper.

https://www.gtap.agecon.purdue.edu/databases/v8/v8_doco.asp.

[50] 汪昊．我国税收超额负担变化、原因与对策［J］．财贸经济，2007（5）．

[51] 郝春虹．现行主要税种税收超额负担分析［J］．中央财经大学学报，2001（5）．

[52] 陈波．中国税收超额负担分析［D］．北京：中国人民大学，1999.

[53] 楚文海．我国部分工业行业商品税超额负担测算分析［J］．广西大学学报，2009（2）．

[54] 汪浩．最优流转税与超额负担［J］．南开经济研究，2009（2）．

[55] 尹音频，杨欣彦．中国证券市场超额税负或早已进入“拉弗禁区”［J］．涉外税务，2008（6）．

[56] 梁强．1994年税制改革回顾与思考：从产业政策、结构优化调整角度看“营改增”的必要性［J］．财政研究，2013（9）．

[57] 张晓宁．“中国税制：经济效益与社会公平的改革探索”研讨会综述［J］．财会月刊，2011（11）．

[58] 贾康．“十二五”：中国税制改革展望［J］．国家行政学院院报，2011（4）．

[59] 中国社会科学院财政与贸易经济研究所课题组．“十二五”时期的财政收支规模［J］．经济研究参考，2011（3）．

[60] 高培勇．“营改增”的故事：一个梗概［N］．中国财经报，2013-8.

[61] 王韬．中国地方税体系存在的问题及完善构想［J］．经济与管理，2011（3）．

[62] 唐月成．中国地方税制度体系研究［D］．厦门：暨南大学，2010.

[63] 魏小文．中国当前几个热点问题与税制改革的政策取向［J］．经济研究导刊，2012（16）．

[64] 张阳．中国流转税税负归宿分析［J］．财经论丛，2008（9）．

[65] 周建军．中国税制改革的递归动态CGE模型研究［D］．华中科技大学，2004.

[66] 吴玉霞．中国税收结构的经济增长效应研究［D］．天津财经大学，2009.

［67］郭庆旺．中国税收负担的综合分析［J］．财经问题研究，2010（12）．

［68］吕冰洋．中国税收高速增长的源泉：税收能力和税收努力框架下的解释［J］．中国社会科学，2011（2）．

［69］席玮．中国行业要素收入有效税负测算——基于税源视角的分析［J］．统计与信息论坛，2012（11）．

［70］李凯．中国资本、劳动、消费的有效税率测算——基于2003—2010年数据的实证研究［J］．税收经济研究，2012（4）．

［71］谭崇钧．中国近中期税制结构分析——坚持以增值税为本［J］．财政研究，2013（2）．

［72］贾康．为何营业税要改征增值税［J］．人民论坛，2012（9）．

［73］朱青．从国际比较视角看我国的分税制改革［J］．财贸经济，2010（3）．

［74］王朝才．从对经济效率影响的视角谈我国增值税扩围方案的选择［J］．财政研究，2012（7）．

［75］缪喜玲．从转方式、调结构看我国税收收入增长［J］．税务研究，2013（10）．

［76］高培勇．以税收改革突围收入分配改革［N］．中国财经报，2013-03-12．

［77］高培勇．以营改增深化财税体制改革［J］．人民日报，2013-09-02．

［78］重庆市万州区税务学会课题组．促进收入合理分配视角的税制改革思考［J］．税务研究，2013（10）．

［79］国家税务总局课题组．借鉴国际经验进一步优化中国中长期税制结构［J］．财政研究，2009（5）．

［80］朱青．全会决定为税改指明大方向［N］．中国税务报，2013-11-29．

［81］高培勇．全面完善税收制度的系统部署［N］．中国税务报，2013-11-20．

［82］麦正华．关于地方税制改革的思考［J］．税务研究，2013（9）．

［83］刘颖．关于增强税制公平效应的探讨［J］．湖南财经学院学报，2012（10）．

［84］郭庆旺．分税制改革与税收快速增长：基于分权契约框架的分

析［J］. 税务研究，2006（8）.

［85］国家税务总局税收科学研究所课题组．国外税制改革发展方向与经验的研究［J］. 经济社会体制比较，2012（6）.

［86］李林木．在寻求效率与公平的平衡中深化我国税制改革［J］. 税务研究，2012（11）.

［87］宋兴义．地方税：国际经验、中国现状和改革展望［J］. 地方财经研究，2009（9）.

［88］李升．地方税体系：理论依据、现状分析、完善思路［J］. 财贸经济，2012（6）.

［89］郭庆旺，吕冰洋．地方税系建设论纲：兼论零售税的开征［J］. 税务研究，2013（11）.

［90］邱晖．基于一般均衡模型的税收归宿问题研究［J］. 经济视角，2012（3）.

［91］孟莹莹．基于供需弹性计量的消费税税负归宿分析［J］. 求索，2013（6）.

［92］张晓雯．基于经济增长和收入分配视角的中国税负研究［D］. 山东大学，2013.

［93］聂海峰．增值税和营业税行业税负差异研究［J］. 税务研究，2011（4）.

［94］陈烨，张欣，寇恩惠，等．增值税转型对就业负面影响的 CGE 模拟分析［J］. 经济研究，2010（9）.

［95］高培勇．多重目标宏观经济政策布局下的中国结构性减税［J］. 中国市场，2012（50）.

［96］李波．宏观税负、产业税负与结构性减税政策［J］. 税务研究，2010（1）.

［97］赖德胜．对中国“知识失业”成因的一个解释［J］. 经济研究，2005（11）.

［98］郝硕博．对地方税体系的探讨［J］. 税务研究，2009（6）.

［99］汪昊．对我国中长期税收体系建设的思考［J］. 税务研究，2010（10）.

［100］朱青．对我国税负问题的思考［J］. 财贸经济，2012（7）.

［101］朱青．对我国结构性减税问题的思考［J］. 经济理论与经济管理，2012（11）.

［102］欧阳志刚．我国城乡通货膨胀的趋同演化及影响因素［J］．经济研究，2012（9）．

［103］池巧珠．我国宏观税负的影响因素与结构性减税的路径选择［J］．当代经济研究，2013（3）．

［104］吴俊培．我国税制改革的优化路径——最优税收理论模型及政策分析［J］．税务研究，2003（5）．

［105］严成樑．我国税收的经济增长效应与社会福利损失分析［J］．经济科学，2010（2）．

［106］李永友．我国税收负担对经济增长影响的经验分析［J］．财经研究，2004（12）．

［107］汪昊．我国税收超额负担变化、原因与对策——基于税收平滑模型的分析［J］．财贸经济，2007（5）．

［108］邓子基．我国财税改革与“顶层设计”——省以下分税制财政管理体制的深化改革［J］．财政研究，2012（2）．

［109］窦清红．推进税制改革创新税收机制——“税制结构优化理论与实践”研讨会专家发言摘要［J］．税务研究，2013（2）．

［110］湖北省地方税务局课题组．改革和完善我国地方税体系的国际借鉴研究［J］．理论月刊，2004（5）．

［111］吕冰洋．政府间税收分权的配置选择和财政影响［J］．经济研究，2009（6）．

［112］贾康．新一轮税制改革重点［N］．中国财经报，2013－12－03．

［113］高培勇．新一轮财税体制改革必须坚守分税制［N］．经济参考报，2013－07－05．

［114］岳树民．新形势下的结构性减税与税制改革［J］．税务研究，2011（1）．

［115］王玉华．最优税收理论与我国税制改革［J］．当代财经，2006（4）．

［116］张赫城．最优税研究［D］．大连：东北财经大学博士学位论文，2007．

［117］沈兰君．有关结构性减税政策的文献综述［J］．经济研究导刊，2013（28）．

［118］周波．民生取向下深化税制改革的思路［J］．税务研究，2013（6）．

[119] 丁吉阔．税制改革与产业结构优化升级问题研究［D］．济南：山东大学，2006.

[120] 杨志勇．税制改革前景：与1994年改革的比较研究［J］．税务研究，2013（11）.

[121] 刘佐．税制改革顶层设计三个主要问题初探［J］．税务研究，2013（6）.

[122] 朱为群．税制改革顶层设计的原则和思路［J］．税务研究，2013（11）.

[123] 韩仁月．税制结构变迁、效应及优化研究［D］．济南：山东大学，2011.

[124] 张胜民．税制结构国际趋同化的分析与我国税制结构的优化［D］．天津：天津财经学院，2003.

[125] 申寸娜．税收的公平和效率原则在我国税收发展中的应用研究［J］．经济视角，2012（9）.

[126] 贾康．税收结构与税制改［J］．财政研究，1996（8）.

[127] 张阳．税负归宿理论研究进展［J］．经济学动态，2008（5）.

[128] 马衍伟．立足"五位一体"总布局完善税制改革顶层设计［J］．税务研究，2013（11）.

[129] 李波．结构性减税与我国税收制度重构［J］．扬州大学税务学院学报，2009（12）.

[130] 沈兰君．结构性减税政策的国际比较与借鉴［J］．财经界（学术版），2013（18）.

[131] 孙智勇．结构性减税政策的路径选择［J］．改革，2010（2）.

[132] 吕冰洋．结构性减税的着力点［J］．税务研究，2012（5）.

[133] 贾康．论"十二五"时期的税制改革——兼谈对结构性减税与结构性增税的认识［J］．税务研究，2011（1）.

[134] 朱志钢．论直接税与间接税的合理搭配［J］．税务研究，2013（6）.

[135] 刘溶沧．论税收与经济增长对中国劳动、资本和消费征税的效应分析［J］．中国社会科学，2002（1）.

[136] 郭庆旺．论税收对要素收入分配的影响［J］．经济研究，2011（6）.

[137] 郭庆旺．论要素收入分配对居民收入分配的影响［J］．中国社

会科学，2012（12）.

［138］何晴．试析 2002—2012 年中国税收收入与经济增长的关联［J］．税务研究，2013（10）.

［139］高培勇．财税体制深化改革的一个突破口［N］．人民日报，2013-07-31.

［140］李芝倩．资本、劳动收入、消费支出的有效税率测算［J］．税务研究，2006（4）.

［141］贾康．进一步深化税制改革研究［N］．人民日报，2012-10-10-019.

［142］高培勇．逐步提高直接税比重宜与营改增扩围同步推进［N］．中国财经报，2013-12-10.

［143］吕冰洋．间接税对供需失衡的影响分析［J］．经济理论与经济管理，2012（1）.

［144］严华惠．间接税理论及我国间接税的改革完善［D］．天津：天津财经学院，2006.

［145］吕冰洋．零售税的开征与分税制的改革［J］．财贸经济，2013（10）.

［146］闫坤，于树一．论全球金融危机下的中国结构性减税［J］．税务研究，2011（1）.

［147］胡学勤．论税收立法权的划分及立法体制的改革［J］．涉外税务，2003（10）.

［148］杨春玲，沈玉平．地方税制研究［M］．北京：中国税务出版社，2008.

［149］国家税务总局税收科学研究所．外国税制概览［M］．北京：中国税务出版社，2012.

［150］刘佐．中国税制概览［M］．北京：经济科学出版社，2013.

［151］吕冰洋．税收分权研究［M］．北京：中国人民大学出版社，2011.

［152］郭庆旺，鲁昕，赵志耘．公共经济学大辞典［M］．北京：经济科学出版社，1999.